Christian Krijnen

Das Absolute

Ein Essay über Einheit

Meiner

Bibliographische Information der Deutschen Nationalbibliothek

Die Deutsche Nationalbibliothek verzeichnet diese Publikation in der Deutschen Nationalbibliographie; detaillierte bibliographische Daten sind im Internet über ‹https://portal.dnb.de› abrufbar.

ISBN 978-3-7873-4421-5
ISBN eBook 978-3-7873-4422-2

 Satz: Jens-Sören Mann. Druck und Bindung: Stückle, Ettenheim. Gedruckt auf alterungsbeständigem Werkdruckpapier, hergestellt aus 100% chlorfrei gebleichtem Zellstoff. Printed in Germany.

INHALT

Der alte Teich.
Ein Frosch springt hinein –
das Geräusch des Wassers.

Bashō (*HAIKU. Japanische Gedichte*,
übers. v. Dietrich Krusche, München 1994)

γνῶθι σεαυτόν

Inschrift am Apollotempel von Delphi

Dass ich erkenne, was die Welt im Innersten zusammenhält

Goethe (*Faust*)

Die Geschichte der Philosophie ist die Geschichte der Entdeckung der *Gedanken* über das Absolute, das ihr Gegenstand ist

Hegel (*Enzyklopädie der philosophischen Wissenschaften*,
Vorrede 2. Aufl.)

Die ganze Philosophie ist nichts anderes als das Studium der Bestimmungen der Einheit

Hegel (*Vorlesungen über die Philosophie der Religion*)

VORWORT

Unter einem Essay versteht man für gewöhnlich auch eine wissenschaftliche Abhandlung, in der eine Thematik in knapper und dennoch anspruchsvoller Form traktiert wird. Zugleich ist mit ihm die Konnotation des Versuchs verbunden. Vor diesem Hintergrund bietet die vorliegende Schrift eine Erkundung des Absoluten als des philosophischen Problems κατ' ἐξοχήν. Sie bildet das Ergebnis einer langjährigen Auseinandersetzung mit dem transzendentalen Idealismus Kants sowie der ihm verbundenen Tradition des Kritizismus einerseits und dem spekulativen Idealismus Hegels andererseits. Beide scheinen mir, aufs Ganze gesehen, die avanciertesten Positionen zu sein, die die Philosophie zu offerieren hat.

Wenn das Folgende sich zwar nicht durchgehend, aber über weite Strecken als eine systematische Deutung des Hegelschen Systems der Philosophie ausnimmt, dann deshalb, weil ich mittlerweile zu der Überzeugung gelangt bin, dass keiner tiefer gedacht hat als Hegel. Deshalb hat strikt genommen auch keiner weiter gedacht. Hegel selbst hatte sich einst so ausgedrückt, dass die Kraft des Geistes nur so groß als ihre Äußerung und seine Tiefe so tief, als er in seiner Auslegung sich auszubreiten und zu verlieren getraut. Entsprechend hängt die Weite der Äußerung des Geistes auch daran, wie tief er in seine Tiefe hinabgestiegen ist. Das Absolute ist dieser Abstieg und die damit einhergehende Ausbreitung.

Im Text finden sich viele Wendungen Hegels. Sie sind einfachhin in den Gedankengang integriert und nicht eigens gekennzeichnet. Ich beanspruche allerdings weder sämtliche für Hegels Philosophiekonzeption relevanten Aspekte behandelt noch substantiell über Hegel hinausgegangen zu sein. Vielmehr wird angesichts der gegenwärtigen Philosophie und in einem rein systematischen Gedankengang das Absolute seinen Grundzügen nach auf eine höhere Ebene seiner Bestimmtheit gebracht und insofern zu seiner adäquaten Bestimmtheit verholfen.

Der systematischen Ausrichtung des Textes gemäß sind keine besonderen Vorkenntnisse des Lesers vonnöten. Der Text samt seiner Terminologie ist aus sich selbst, d.h. aufgrund der entwickelten Argumentation, verständlich. Jedenfalls hege ich diese Hoffnung. Zur Terminologie des Textes ist überdies zu sagen, dass dessen Titelbegriff – das Absolute – aus Hegel'scher Sicht nicht die letzte Schärfe an sich hätte. Ein Titel wie ›Die absolute Idee und ihre Realisierungen‹ wäre gewiss der sachlich präzisere. Dass sich das darin Gedachte dennoch als ›Das Absolute. Ein Essay über Einheit‹ abhandeln lässt, möge das Folgende zeigen.

Maximilian Gottschlich und Klaus Vieweg schulde ich vielen Dank für ihren gründlichen und anregenden Kommentar zum Text. Nicht weniger danke ich Marcel Simon-Gadhof vom Felix Meiner Verlag, der die Veröffentlichung beispielhaft lektoriert hat.

Amsterdam, Ostern 2023 *Christian Krijnen*

EINLEITUNG

Das Absolute, die Philosophie und das Denken

I DAS ABSOLUTE UND DIE PHILOSOPHIE

§ 1 Ein Beobachter der Gegenwartsphilosophie, der sich über deren Themen und Herangehensweisen ins Bild zu setzen versuchte, verstiege sich wohl kaum zu der Behauptung, Philosophie sei Wissenschaft des Absoluten. Zu sehr haben nach 1945 der postmoderne Abgesang auf die »großen Erzählungen« samt seinem Eintreten für eine Heterogenität von Perspektiven und Rationalitätstypen, das Plädoyer der Analytischen Philosophie für sprachphilosophisches »piecemeal engineering« und allenfalls deskriptiver Klärung jener Grundbegriffe, mit denen wir unsere Welt erfassen, sowie die diskurstheoretische Aufhellung der Bedingungen »kommunikativen Handelns« und ihr Paradigma der Intersubjektivität hausgehalten, als dass das Absolute als ein vorrangiges, geschweige denn als das schlechthinnige Thema der Philosophie in Erscheinung treten könnte. Von wenigen Ausnahmen abgesehen glänzt das Absolute in der Philosophie seit vielen Jahrzehnten – durch Abwesenheit.

§ 2 Indes gehört der Begriff des Absoluten von Anbeginn der Philosophie zu ihren fundamentalen Begriffen, mag es auch sein, dass der Terminus ›absolut‹ erst relativ spät Furore machte, nämlich seit Cusanus Gott ausdrücklich als das Absolute thematisiert und der deutsche Idealismus sich als Philosophie des Absoluten expliziert. Der Sache nach aber handelt es sich beim Absoluten (vom lat. absolvere: loslösen; absolutus: losgelöst, für sich allein, unabhängig, keine Beziehung zu Anderem) um nichts weniger als das Eine, das allem anderen zugrunde liegt, um das schlechthinnige Prinzip von allem also.

Historisch gesehen kommt das Absolute zur Sprache beispielsweise als jenes Eine, woraus alles andere fließt (All-Eine), schlechthin Erstes, Unbedingtes, Totalität der Bedingungen zu einem gegebenen Bedingten, in sich differenziertes allumfassendes Ganze (Totalität), unendliche Substanz, Grundlage von allem, Unendliches, Unbeschränktes, Unbegrenztes, Vollkommenes, Ursprung, erste (letzte) Ursache, ursprüngliche Einheit, unbedingte Macht, in sich Bestehendes, sich selbst Bestimmendes, aus und durch sich selbst Seiendes, Einheitsgrund aller Differenz, Prinzip möglicher Konkretionsbestimmungen (Prinzipiata).

Mit diesen vielfältigen Konnotationen des Absoluten ist freilich nur ein Bedeutungshorizont dessen eröffnet, was im Hauptteil der Abhandlung traktiert werden soll. Der Sinn einer Einleitung in die Philosophie des Absoluten kann ohnehin nicht darin bestehen, den Begriff des Absoluten zu begründen, sondern allenfalls das begrifflich zu bestimmende Absolute durch Reflexionen in einem räsonierenden und historischen Sinne der Vorstellung des Lesers näher zu bringen. Für sich genommen ist jedwede vorläufige Explikation nichts als ein Inbegriff von Versicherungen (dass es sich so verhält), dem gegenüber mit demselben Recht das Entgegengesetzte versichert werden könnte.

§3 Wie gesagt, der nachkantische deutsche Idealismus hat sich, inspiriert von Kants Revolution der philosophischen Denkungsart, ausdrücklich als Philosophie des Absoluten verstanden. Indem er Kants transzendentales Projekt einer »Selbsterkenntnis« der Vernunft tiefer, als Kant es selbst versucht hat, auszuloten sich bemüht, gerät ebendiese *Vernunft* in die Stellung des Absoluten. Sie ist das Prinzip aller Objektivität, umfasst und durchdringt das All des Denk- und Erkennbaren. Hegel, der diesen Gedanken in einer bis heute unübertroffenen Weise ausdrücklich gemacht hat, sprach schon früh vom Absoluten als »Identität von Identität und Nichtidentität« und hat bis in sein spätes Denken daran festgehalten, dass die Vernunft die Einheit unterschiedener Bestimmungen, näherhin die »Einheit der Bestimmungen in ihrer Entgegensetzung«, also das Ganze, fasst und ist.

§4 Das gesuchte Absolute als das Eine, aus dem alles andere ist (ἀρχή, ἕν καὶ πᾶν), wird also nicht mehr als ein Seiendes konzipiert, sondern als sich selbst bestimmende Vernunft. Wird das Absolute im Zuge der transzendentalphilosophischen Wende Kants und der damit einhergehenden idealistischen Perfektionsversuche nicht mehr als ein *Seiendes* konzipiert, dann wird es nicht mehr in der Weise der tradierten Metaphysik gedacht, d. i. als ein metaempirisch Seiendes, das wahrhaft Seiendes (ὄντως ὄν) sein soll, besonders nicht mehr als jenes Seiende, als das sich dieses wahrhaft Seiende im Mittelalter erweist und bis heute wirkungsmächtig etabliert hat: als Gott. Eine moderne Philosophie des Absoluten ist keine Metaphysik, weder thematisch noch methodisch, und der geeignete Kandidat für das Absolute nicht Gott. Gott ist vielmehr eine religiöse Vorstellung des Absoluten.

§ 5 Das Absolute als sich selbst bestimmende Vernunft lässt sich freilich auch nicht in der Weise eines Ganzen (Systems) von *Sätzen* explizieren, die auf einem vermeintlich durch sich selbst gewissen, obersten, unbedingten und somit absoluten Fundamentalsatz gründen, ist ein Satz bzw. der durch ihn zum Ausdruck gebrachte Sachverhalt doch immer ein für sich Beschränktes und somit Bedingtes: zu seiner Begründung bedarf es eines Anderen. Besonders gilt dies für den ebenso offenbaren wie weit verbreiteten Wahn, eine Definition als Anfang der Bestimmung eines philosophischen Gegenstandes, hier: des Absoluten, zu setzen und damit mittels einer äußeren Reflexion eine Bestimmung des Absoluten einzuführen. Jedweder axiomatische Ansatz verhindert, dass das Absolute zu seinem Begriff kommt; es bleibt bestenfalls das perennierende Andere, nicht das Eine, aus dem alles andere ist. Das Absolute ist kein Erstes, Unmittelbares, sondern als Absolutes dessen Resultat, Ergebnis seiner Selbstbestimmung, seiner Selbstauslegung. Als Absolutes kann es streng genommen überhaupt nicht definiert werden; denn es bezöge sich sodann, würde ihm überhaupt Bestimmtheit zugedacht, auf ein höheres Genus und folglich andere, von ihm unterschiedene Spezies, wäre also nicht mehr das Absolute, das nur in und durch sich selbst Bestimmte.

§ 6 Das Absolute aber muss Bestimmtheit an sich haben, wenn anders es dasjenige sein soll, was es ist, ebenso wie das, was aus und in ihm sein soll: das vermeintlich Bestimmte verlöre den Grund seiner Bestimmtheit und damit sich selbst. Kann das Absolute als ein solches weder unterschiedslose Einheit sein (und damit völlig Unbestimmtes) noch etwas über oder neben, außer oder gegen sich haben, das ihm Bestimmtheit verleiht, dann lässt sich seine Bestimmtheit nur denken als die einer in sich selbst differenzierten Einheit: der Grund der Bestimmtheit des Absoluten fiele in es selbst. Die Bestimmung des Absoluten wäre durchgehend Selbstbestimmung, seine Erkenntnis fortwährend Selbsterkenntnis, nicht Bestimmung oder Erkenntnis durch Anderes. Das von ihm unterschiedene Andere wäre vielmehr – das Andere seiner selbst. Die Bestimmtheit des Absoluten ist Selbstbeziehung auf das Andere seiner selbst.

§ 7 Mag es auch sein, dass das Absolute Selbstbestimmung durch Selbstbeziehung auf das Andere seiner selbst ist, sind wir überhaupt in der Lage, es als Absolutes zu erkennen? Ist nicht all unsere Erkenntnis situierte und damit relative Erkenntnis? Wie kann es angesichts dessen eine Erkenntnis des Absoluten geben? Ja, gibt es das Absolute überhaupt?

Dergleichen *agnostizistische, relativistische* und *skeptische Einwände* sind so alt wie das Denken über das Absolute. Sie sind als philosophische Positionen nolens volens selbst der beredtste Zeuge für das Absolute und der Möglichkeit seiner Erkenntnis. Schon die Rede davon, dass es ein Absolutes gebe, das der Erkenntnis entzogen sei, da diese es nur mit Relativem zu tun habe, ist selbst eine Erkenntnis des Absoluten in seinem Da- und Sosein, setzt also voraus, was sie leugnet. Ebenso die Behauptung, alles Denkbare sei relativ, bestehe also nicht in sich selbst, sondern stehe immer in Beziehung zu einem Anderen, wovon es irgendwie abhänge. Ist nämlich alles relativ, dann besteht alles, das All des Denkbaren, nur in Bezug auf etwas Anderes, als es selbst ist, ist also nicht mehr das All des Denkbaren. Alles, das Ganze, die Totalität, positive Unendlichkeit, das Absolute schließt seiner Bedeutung nach aus, dass es lediglich in Beziehung auf Anderes besteht. ›Alles‹ verliert seinen Sinn, wenn es Relatives meint. Relatives setzt immer ein Anderes, als es selbst ist, voraus. Folglich lässt sich der Relativismus universal und damit philosophisch nur formulieren unter Voraussetzung eines Absoluten. Indem er die Voraussetzungen seines eigenen Sinnes bedenkt und sich damit denkerisch vollbringt, wird ihm gewahr, dass er selbst nur auf dem Boden des Absoluten möglich ist. Ohne Absolutes kein Relatives. Und gerade für die konsequenteste Form des Relativismus, d.i. den Skeptizismus, gilt, dass er als Leistung des Denkens immer schon das Denken als Prinzip seiner eigenen Objektivität vorausgesetzt hat.

Insgesamt handelt es sich um Denkleistungen, die, sofern philosophisch relevant, einen Geltungsanspruch erheben und nur den Geltungsgrund ihrer eigenen Aussage bedenken müssen, um festzustellen, dass sie *das Absolute als das vorausgesetzt haben, was ihre eigene Aussage ermöglicht.* Sie sind also nicht nur formal in sich widersprüchlich, indem sie behaupten, was sie verneinen, und verneinen, was sie behaupten. Sie sind es auch inhaltlich, schließt der Sinn oder die Geltung ihrer eigenen Aussage doch das Absolute ein: das Denken des Agnostizismus, Relativismus und Skeptizismus setzt den Begriff des Absoluten voraus. Es setzt den

Begriff des Absoluten voraus, weil es das Denken als Einheitsgrund seiner eigenen Differenzierungen voraussetzt, als Prinzip seiner eigenen Objektivität also.

§ 8 Überhaupt setzt jegliches konkrete Denken das Denken als Prinzip seiner eigenen Objektivität voraus: das Denken in seiner prinzipiellen Bestimmtheit ist vorausgesetzt als Grund des Denkens in seiner konkreten (prinzipiierten) Bestimmtheit. *Denken als Prinzip von Objektivität* ist offenbar das, worauf bislang die Bestimmtheit des Absoluten als das Eine, woraus alles andere ist, hinausläuft. Das Denken in seiner Absolutheit ist vorausgesetzt als Grund des Denkens in seiner Konkretheit. Es ist der Grund seiner selbst und von Anderem: von aller Objektivität. Denken als Prinzip von Objektivität ist dann ein logischer Titel für das, was oben Vernunft als der moderne Kandidat für das Absolute hieß. Auch das Denken des Absoluten ist Denken und das Absolute immer das Absolute des Denkens. Auch das Denken des Denkens als des Absoluten nimmt das Denken als Prinzip von Objektivität in Anspruch. Ebendiesem Denken des in allem Denken vorausgesetzten Denkens obliegt es aber, ebenfalls die Voraussetzungen seiner selbst zu denken. Solches Denken ist philosophisches Denken, ist *Philosophie.*

§ 9 Anders als die anderen Wissenschaften (und das außerwissenschaftliche Wissen) ist Philosophie nicht nur Erkenntnis ex principiis, Erkenntnis aus Prinzipien, sondern ebenso cognitio principiorum, Erkenntnis des Prinzipiierenden. Deshalb ist es ihr, als Wissenschaft, schlechterdings untersagt, ihre Gegenstände sowie die Methode ihrer Erkenntnis als bereits gegeben anzunehmen, d. i. einfachhin vorauszusetzen. Das wäre Dogmatismus. Sämtliche Bestimmtheit, die des Seins eingeschlossen, muss sich als Ergebnis des begreifenden Denkens, das die philosophische Erkenntnis ist, allererst ergeben, und zwar: im Modus der Notwendigkeit. So ist die Philosophie Wissenschaft jenes Einen, aus dem alles andere ist: Wissenschaft des Absoluten.

Freilich wird ein philosophierendes Subjekt immer schon in irgendeiner Weise mit den Gegenständen der Philosophie bekannt sein. Diese Bekanntschaft als Bestimmtheit der Philosophie ist jedoch vorerst nichts anderes als eine Voraussetzung. Dass es sich in Wahrheit mit der Philosophie so verhält, wie vermeint, ist zu nachzuweisen, nicht bloß zu behaupten.

§ 10 Da das Denken als Prinzip von Objektivität in allem konkreten Denken und damit aller objektiven Bestimmtheit vorausgesetzt ist, die Philosophie auch noch ihre eigenen Voraussetzungen und damit das in allem Denken Zugrundeliegende dem Status bloßer Voraussetzung zu entreißen und als wissenschaftliche Erkenntnis zu setzen hat, bietet es sich über die einschlägigen historischen Gründe hinaus an, Philosophie zunächst als denkende Betrachtung der Gegenstände, als objektives Denken, zu qualifizieren. Was aber heißt hier *Denken?*

Als Tätigkeit genommen ist Denken auf einen zu denkenden bzw. gedachten Gegenstand bezogen (νόησις, noesis). In seiner Gegenstandsbezogenheit (Intentionalität) ist das Denken zunächst einfach ein genereller Titel für Bewusstseinsleben (geistige Tätigkeiten wie Wahrnehmen, Fühlen, Wollen, Handeln, Erkennen usw.), also bloße Gegenstandsbezogenheit überhaupt (Bewusstsein von etwas). Das Denken ist damit nicht als ein realer Vorgang, sondern als ein Prinzip gedacht, nämlich als Prinzip (ἀρχή, Ursprung) von Gegenständlichkeit (Objektivität).

Seinem Ergebnis nach genommen hingegen ist das Denken das Gedachte, der Gedanke (νόημα, noema). Erneut ist das Denken als Prinzip gedacht: nicht als Prinzip des Leistens oder Vollzugs von Objektivität, sondern als geleistete oder vollzogene Objektivität: als Gedanke (Gehalt).

§ 11 Philosophisches Denken, und damit das Denken des Absoluten, ist also eine besondere Gestalt von Denken als Prinzip von Objektivität. Es ist nicht nur wie alles Bewusstseinsleben Denken, sondern auch verschieden von den anderen Weisen des Denkens. Philosophisches Denken denkt den Inhalt des Bewusstseins in der Form des Gedankens, nicht in der Form des Gefühls, der Anschauung oder etwa der Vorstellung. Da Denken jedoch auch Titel ist für Bewusstseinsleben überhaupt, könnte man das Denken qua Form des Gedankens als erkennendes Denken qualifizieren. Philosophisches Denken ist erkennendes Denken, Denken eines Inhalts in der Form des Gedankens (›Nachdenken‹).

§ 12 Der Inhalt des Denkens qua Prinzip von Objektivität als vollzogener Objektivität steht in voneinander verschiedenen Formen seiner Objektivität. Nur so ist der Inhalt Gegenstand des Denkens. Diese seine Gegenständlichkeit besteht daher nicht nur aus Inhalt, sondern zugleich aus Form(-en). Was an sich dasselbe ist, der Inhalt, kann zu verschiedenen Gegenständen werden (ein Stück Holz Brennholz, Kunstwerk, Gegenstand religiöser Verehrung, Waffe usf.).

Philosophisches Denken ist Denken, das den Inhalt nicht nur in der Form des Gedankens denkt, sondern sich darüber hinaus durch eine besondere Form von Bewusstsein des Inhalts auszeichnet: Wissen nicht in der Form von bloß gewussten (gefühlten, begehrten usw.) Bestimmtheiten des Inhalts, sondern begriffliches Wissen von ihnen. Philosophisches Denken denkt seinen Gegenstand nicht in Vorstellungen, sondern in *Begriffen*.

§ 13 a) Wie das außerwissenschaftliche und das einzelwissenschaftliche Wissen denkt auch die Philosophie den Inhalt in der Form des Gedankens. Sie alle gelangen als erkennendes Denken durch Nachdenken über die Inhalte des Bewusstseins zur Wahrheit über ebendiese Inhalte. Entsprechend transformieren sie die anderen Formen des Bewusstseins, in denen der Inhalt präsent sein mag (wie etwa Empfindung oder Anschauung), durch die Form des Gedankens. Dadurch entdecken sie, wie es um die Wahrheit des Inhalts bestellt ist: sie fördern (im Erfolgsfall) Wahres über den Inhalt zutage, salopp gesagt, die Wahrheit über die Welt (als Inhalt des Bewusstseins). Indem das Ergebnis des Denkens als Tätigkeit das Allgemeine als Produkt ist (und das Denken so gesehen das tätige, das sich betätigende Allgemeine ist), ist erst durch das Nachdenken über Etwas bestimmt, was das Wahre, der Wert der Sache, das Wesentliche usw. ist. Erst durch das Nachdenken wird der Gedanke zu einem Gedanken, der sich durch seine Wahrheitsreferenz und Wahrheitsvalenz auszeichnet. Der Gedanke ist somit objektiver Gedanke, Gedanke, der einen Inhalt denkt als das, was er ist.

b) Anders jedoch als das außer- und einzelwissenschaftliche Wissen denkt die Philosophie qua Voraussetzungs-, Totalitäts- oder Absolutheitswissenschaft ihre Gegenstände nicht als endlich im Sinne von Gegenständen, die den Grund ihrer Bestimmtheit in etwas Anderem haben, als sie selbst sind. Ihre Gegenstände sind nicht begrenzt durch solches Anderes. Indem sie den Grund ihrer Bestimmtheit in sich selbst haben, sind sie als unendlich konzipiert. Voraussetzungen von etwas sind Bestimmtheiten, die die Objektivität jenes Etwas, die Gegenständlichkeit eines Gegenstandes, also dessen Ursprung, ausmachen. Philosophie handelt von den Prinzipien des Konkreten (Prinzipiatums). Sie will erkennen, was ist, aus den Prinzipien, die es zu dem machen, was es ist. Während das Nachdenken generell Allgemeines zum Ergebnis hat, das das Wahrhafte an den Gegenständen zu enthalten beansprucht, ist für das Nachdenken der Philosophie der objektive Gedanke selbst und damit die Wahrheit selbst ihr Gegenstand. Das Denken ist dem Sein nicht fremd und äußerlich. Allgemeinheit ist selbst schon eine Gedankenbestimmung (ebenso wie Sein). Um diese intrinsische Beziehung von Denken und Sein philosophisch in den Blick zu bekommen, bedarf es freilich der adäquaten Gegenstandseinstellung. Ein Denken, das endliche Gedankenbestimmungen hervorbringt, bietet bloß Bestimmungen, die in einem Gegensatz zum Absoluten verharren. Nur unendliche Gedankenbestimmungen, Bestimmungen, die als Selbstdifferenzierung des Absoluten konzipiert sind, vermögen ihren Anspruch zu erfüllen, Erkenntnis des Absoluten zu sein.

§ 14 Aber nicht nur durch die Form ihres Gegenstandes, sondern auch durch die ihres Wissens unterscheidet die Philosophie sich vom außer- und einzelwissenschaftlichen Wissen. Philosophie muss durchgängig für den Geltungssinn ihrer Erkenntnis einstehen und damit für jedwede methodische und gegenständliche Bestimmtheit, die sie in Anspruch nimmt. Sie muss es folglich auch für die Voraussetzungen ihrer selbst. Deshalb kann das erkennende Denken der Philosophie Wissen nur in der Form der Notwendigkeit, apodiktisches Wissen, sein. Das Denken der Philosophie ist also nur und fortwährend den Anforderungen des Begriffs verpflichtet: es ist begreifendes Denken.

So sehen wir: Das Denken als Prinzip von Objektivität hat zu seinen Formen auch das erkennende Denken, das Nachdenken. Während das außer- und einzelwissenschaftliche Wissen als das direkt-gegenständliche Wissen, das es ist, nicht zugleich die Voraussetzungen seiner selbst bedenkt und ausweist, obliegt es dem indirekt-gegenständlichen Wissen, das das philosophische Erkennen ist, auch die Voraussetzungen seiner selbst einzuholen, und zwar im Modus der Notwendigkeit und damit des Begriffs. So kommt das Denken zu sich selbst: es begreift sich als den Grund, aus dem alles andere ist, was es ist.

Dies lässt sich auch dahingehend artikulieren, dass der Gedanke ein Allgemeines ist, welches es in seiner gegenstandsbestimmenden Funktion zu explizieren gilt. Er ist ein Allgemeines nicht wie die Vorstellung (repraesentatio), in der der Inhalt als ein vereinzelter einfacher präsent ist und noch dann vereinzelt bleibt, wenn dessen einfache Bestimmungen aneinandergereiht werden. In solcher direkt-gegenständlichen Gegenstandsbestimmung stehen und bleiben die Bestimmungen in einem äußerlichen Verhältnis, einem Außereinander: sie sind einander äußerlich (gleich ob sinnlich oder geistig). – So verhält es sich sogar mit dem einzelwissenschaftlichen Wissen. Es sucht zwar seine in der Vorstellung präsenten Gegenstände mittels Begriffen (beispielsweise Gedankenbestimmungen wie Ursache, Wirkung, Allgemeines, Besonderes) und damit Notwendigkeitsbeziehungen zu bestimmen, vermag diese Begriffe selbst jedoch nicht im Modus des Begriffs zu bestimmen und zu rechtfertigen. Es belässt sie im Modus der Voraussetzung, wird somit dem seinem Erkenntnisanspruch innewohnenden Notwendigkeitsanspruch nicht durchgängig gerecht und ist insofern vorstellendes Denken. Genau genommen verwandelt erst das philosophische Wissen Vorstellungen in Begriffe. Die Philosophie denkt das Allgemeine entsprechend nicht als ein abstraktes Allgemeines, sondern als ein Allgemeines, das sich selbst und sein Anderes ist: als Grund, aus dem alles andere (Besondere, Einzelne) ist.

§ 15 Das Nachdenken über die Voraussetzungen erkennenden direkt-gegenständlichen Denkens führt von sich aus in die Philosophie, der Erkenntnisanspruch des nicht-philosophischen Wissens zum philosophischen Wissen. Dieses Wissen klärt die Bestimmtheit des in allem Denken vorausgesetzten Denkens als Prinzip von Objektivität. Indem es das Denken in seiner prinzipiellen Bestimmtheit als Grund seiner konkreten Bestimmtheit bedenkt, fungiert als genetischer Ausgangspunkt philosophischen Denkens das direkt-gegenständliche, unmittelbare Bewusstsein von der Welt.

Da das erkennende Denken der Philosophie von diesem Ausgangspunkt aus das Denken auf sich selbst zurückwendet und es als Prinzip seiner prätendierten Objektivität bestimmt, findet es zum einen nur Bestimmungen, die dem Ausgangspunkt als Voraussetzungen intrinsisch zugehören und die prinzipielle Bestimmtheit des Denkens ausmachen. Zum andern aber transformiert es dadurch die Form, in welcher der Inhalt des direkt-gegenständlichen Wissens steht. Philosophisches Nachdenken transformiert diese Form dadurch, dass es die dem nicht-philosophischen Nachdenken eigene Tendenz vollbringt, nämlich seine Tendenz, in der Erkenntnis das Gegebene, Vorgefundene, Zufällige, erkenntnismäßig noch zu Bestimmende in seiner Notwendigkeit ausdrücklich zu machen (Gründe für dessen Da- und Sosein anzugeben). Geht das philosophische Denken Voraussetzungen objektiven Denkens auf ihren Grund, dann kann es für es – methodisch gesehen – kein bloß Vorgegebenes, Zufälliges mehr geben. Sein Inhalt, wenn er philosophisch bestimmt wird – und nicht nur zu einer Philosophie, die diese Aufgabe leistet, hinführen soll –, muss sich dem Denken als Prinzip zugehörig erweisen und daher in seiner Notwendigkeit erkannt werden. Dies lässt sich nicht anders bewerkstelligen als dadurch, dass das philosophische Denken des Denkens seine Bestimmtheit ausschließlich und allein aus sich selbst entwickelt: die Gedankenbestimmungen müssen notwendig aus der Sache des Denkens hervorgehen, sind dem Denken also nicht vorgegeben. Das Absolute lässt sich in all seinen Momenten nur durch sich selbst erkennen, nicht durch anderes. Es ist reine, unvermischte *Selbstbestimmung*, man kann auch sagen: Freiheit.

§ 16 Mehr noch: Seiner radikalen Selbstbestimmung in der Form der Notwendigkeit wegen bilden die Bestimmtheiten, die sich aus der Selbstdifferenzierung des Denkens als des Absoluten ergeben, einen wohlgeordneten Zusammenhang: ein *System*. Bei diesem System handelt es sich um ein begrifflich geordnetes, sich selbst vom Anfang bis zum Ende entfaltendes Ganzes von Bestimmungen, das sich zugleich in seiner Einheit zusammennimmt und -hält: das System des Absoluten. Das Absolute ist keine abstrakte Totalität, sondern eine konkrete, sich aus sich selbst entwickelnde, sich in ihrer Konkretheit prinzipiierende.

Entsprechend ist auch die Philosophie als Wissenschaft des Absoluten nur als System möglich. Ein Inhalt, der nicht als ein Moment des Systems ausgewiesen ist, ist bloß Zufälliges, bittweise Angenommenes, verletzte also das Erfordernis der Notwendigkeit und kann folglich kein Bestimmungsstück des wahrhaften Gegenstandes der Philosophie sein.

§ 17 Mit Blick auf die Geschichte der Philosophie gesprochen, hat es lange Zeit gedauert, bis es zur adäquaten Erkenntniseinstellung der Philosophie als Selbstbestimmung des Absoluten gekommen ist. Seit Parmenides im Modus nicht mehr des Mythos, sondern des Logos die Vielheit der Erscheinungswelt auf das Eine, das ihr zugrunde liegt, transzendierte und es zugleich mit dem Denken in eins setze, lässt die Geschichte der Philosophie sich, makroskopisch und aus philosophischer Sicht betrachtet, geradezu auffassen als das Ringen um ein angemessenes Verständnis des Verhältnisses von Sein und Denken, wie Hegel sich ausgedrückt hat: der »Stellung des Gedankens zur Objektivität«.

Näherhin lassen sich drei Stellungen des Verhältnisses von Denken und Sein unterscheiden, je nach Primat der Momente des Verhältnisses. Die erste heiße die des *Seins*, d.i. die der Metaphysik, die zweite die des *Denkens*, d.i. die der Transzendentalphilosophie, und die dritte die der *Einheit von Sein und Denken*, d.i. die des spekulativen Idealismus.

Es sind dies freilich Titel für prinzipientheoretische Konstellationen, wie sie in einer philosophischen Philosophiegeschichte thematisch sind, nicht für eine geistesgeschichtliche Entwicklung, wie sie in einer nicht-philosophischen Geschichte traktiert wird. Bei den drei unterschiedenen Stellungen handelt es sich um eine Fortschrittsreihe, in der jeweils unzureichend bedachte Voraussetzungen im Verhältnis von Denken und Sein allmählich begrifflich eingeholt werden: die Philosophie gelangt im Laufe der Philosophiegeschichte zu einer adäquateren Bestimmung jenes Verhältnisses. Bloß geistesgeschichtlich betrachtet ist die Metaphysik – so lebendig wie am ersten Tag.

§ 18 a) Die Stellung des Seins oder der *Metaphysik* zeichnet sich durch eine Erkenntniseinstellung aus, die sich als direkte Gegenstandszuwendung (intentio prima et recta) kennzeichnen lässt, im Gegensatz zu einer indirekten, reflexiven Gegenstandszuwendung (intentio obliqua), in der zugleich das Denken als Grund gegenständlicher Bestimmtheit mitgedacht wird. In dieser ersten Stellung des Gedankens zur Objektivität bleibt der Gegensatz von Denken und Sein bloß vorausgesetzt, anstatt ihn in methodisch gerechtfertigter Weise auch zu setzen. Die erste Stellung ist somit der Standpunkt der Selbstvergessenheit des Denkens: der Verkennung der Tatsache, dass jedes Gegenstandsbewusstsein immer auch Selbstbewusstsein, das Sein stets das Sein des Denkens ist. (Im Grunde ist diese Erkenntniseinstellung anfänglicher Philosophie auch dominant in den Einzelwissenschaften und im außerwissenschaftlichen Wissen.)

Entsprechend bringt die Metaphysik als Letztgrund der Erkenntnis ein *Seiendes* in Anschlag: der Grund für die Wahrheit des Denkens wird in einem konkret-inhaltlichen Wissen von Seiendem gesucht. Dieses Seiende kann nun entweder als ein *transzendent* Seiendes konzipiert werden; dies zeichnet jene Philosophie aus, die gemeinhin Metaphysik genannt wird. Oder es kann als ein *immanent* Seiendes konzipiert werden, d. i. in der Weise des Empirismus (Naturalismus, Physikalismus, Ökonomismus usw. sind prinzipientheoretisch gesehen nur Spielarten des Empirismus). Beide setzen den Letztgrund der Erkenntnis jenseits des Denkens und setzen zugleich das Denken in seiner prinzipiellen Gestalt als Bestimmungsgrund des Gedachten voraus.

Die Metaphysik im engen Sinne schickt sich allerdings an, das Wesen der Dinge in Gedanken zu erfassen; die Bestimmungen, welche sie durch ihr Nachdenken findet, ihre Denkbestimmungen also, gibt sie als die Grundbestimmungen der Dinge aus. Der Empirismus hingegen löst die Bestimmtheit der Dinge gänzlich in immanent Seiendes (paradigmatisch: sinnlich-Seiendes) auf. Dass sich aber der Grund dafür, dass etwas ist, was es ist, und als solches erkannt werden kann, nicht im immanent Seienden finden lässt, sondern nur in einer über die sinnliche Erscheinungswelt hinausgehenden transzendenten Welt der Ideen, hat Platon überzeugend dargelegt. Für sich genommen ist der Empirismus also eine vorplatonische Gestalt der Philosophie: er hat den Standpunkt der Idee als des Prinzips von allem noch nicht erreicht, geschweige denn die Idee als Grund von allem erkenntnismäßig bestimmt. Vielmehr zeichnet sich hier das Verhältnis von Denken und Sein durch eine extreme Selbstvergessenheit des Denkens aus.

Platons philosophische Reflexion auf die Erscheinungswelt führt einerseits zwar zu einer diese Welt transzendierenden und zugleich fundierenden anderen Gegenstandsart. Indem Platon (ungeachtet zarter Ansätze in seiner Spätphilosophie, die Idee als sich in sich entwickelnde Einheit zu denken) diese andere Gegenstandsart andererseits jedoch als eine Welt übersinnlich seiender, ›metaphysischer‹ Gegenstände konzipiert, ist er durch seine Ideenlehre zum Begründer der Philosophie als eines *metaphysischen Idealismus* geworden. Vom Stand der Forschung her gesehen ist die erste Stellung des Gedankens zur Objektivität also die des metaphysischen Idealismus. Sie ist bis Kants transzendentalem Idealismus das Paradigma der Philosophie geblieben.

Hegel hat sich einmal so über die Metaphysik ausgedrückt, dass sie eine bloße Verstandes-Ansicht der Vernunft-Gegenstände biete. Allerdings ist er auch der Auffassung, dies treffe nicht weniger auf den transzendentalen Idealismus (Transzendentalphilosophie) zu. Beide verkennen nämlich die produktive, neue Bestimmungen erzeugende Kraft negativer Selbstbezüglichkeit jeweils thematischer Bestimmungen und damit die Kraft ihrer Selbsterzeugung durch Selbstanwendung. Daher bieten Metaphysik und Transzendentalphilosophie beide eine Verstandes-Ansicht der Vernunft-Gegenstände: sie sind endliches Erkennen des Unendlichen, also dem Absoluten unangemessen. Das Absolute wird von ihnen zwar in Anspruch genommen, sie vermögen von dieser Voraussetzung ihrer selbst jedoch keine Rechenschaft im Modus des Begriffs abzulegen.

§ 19 b) Der *transzendentale Idealismus* (wie er von Kant begründet, von den Neukantianern weitergeführt wurde und in der gegenwärtigen Transzendentalphilosophie seine avancierteste Form gefunden hat), auch kritischer Idealismus genannt, bringt in reflexiver Gegenstandszuwendung kein Seiendes als Grund aller Bestimmtheit in Anschlag, sondern das *Denken*. Er sieht deutlich, dass Objektivität nicht einfachhin vorgegeben ist, sondern durch das Denken hergestellt wird. Das Denken ist als Prinzip aller Objektivität konzipiert, wie es auch heißt, Subjektivität (im Sinne eines Prinzips, nicht eines psychophysischen individuellen Ichs [oder Kollektivs] oder eines res cogitans) fungiert als Grund von Objektivität.

Die Prinzipien, die die Eigenbestimmtheit solchen Denkens ausmachen, haben ihre Gültigkeit nicht darin, dass sie irgendein Seiendes zum Maßstab ihrer Leistung haben, sondern darin, dass sie die Erkenntnis von Seiendem allererst ermöglichen. Ebendarin besteht ihre objektive Realität (Sachhaltigkeit) bzw. der Nachweis ihrer objektiven Realität. Die Wahrheit des Denkens liegt also darin, dass es mit sich selbst in seiner Objektivität übereinstimmt, nicht darin, dass es ein vorgegebenes Sein irgendwie abbildet. Das Sein, welches auch immer, gründet im Denken. Der transzendentale Idealismus transformiert somit den metaphysischen Idealismus, indem er ihn de-ontiziert. Das platonische wahrhafte Sein als Grundlage der Erscheinungswelt und deren Erkenntnis entpuppt sich als einen Inbegriff von Geltungsbedingungen: nicht ein höchst oder seienderweise Seiendes, sondern Denken ist das Prinzip von Objektivität.

Während die Fortbildung der von Kant entwickelten Transzendentalphilosophie besonders darauf abstellte, Kants Dualismen von Anschauung und Begriff, Sinnlichkeit und Verstand, theoretischer und praktischer Vernunft, Form und Inhalt usw. von einem ihnen zugrunde liegenden Einheitsgrund her zu verstehen (gleich ob dieser nun Denken, Vernunft, Wert, Idee, Symbol o. Ä. heißt), bleiben die von ihr ins Spiel gebrachten grundbegrifflichen Korrelationen ungeachtet der transzendentalphilosophischen Fundierung des Seins durch das Denken durch einen Formalismus gekennzeichnet: die Korrelata der das Denken ausmessenden Korrelationen sind unzureichend aufeinander bezogen, bleiben einander und damit der Relation der Relata als ihrer Einheit äußerlich. Das Denken ist somit nicht als der sich selbst in seinen Unterscheidungen bestimmende Einheitsgrund konzipiert. Insofern können die Denkbestimmungen der Transzendentalphilosophie keine Bestimmungen des Absoluten sein.

Das liegt methodisch gesehen daran, dass sie die Bestimmungen dieser Einheit nicht aus dem *Denken des Anfangs* selbst gewinnt. Vielmehr bleibt das Verhältnis von Anfang des Denkens und Erkenntnis des Anfangs des Denkens äußerlich. Entsprechend werden gerade die Ursprungsverhältnisse des Denkens durch Begriffe bestimmt, die sich nicht aus dem Sinn von ›Anfang‹ selbst ergeben und insofern in ihrer Geltung bloß in Anspruch genommen werden. Die für die Transzendentalphilosophie maßgebende Reflexionsform ist Reflexion als Reflexion-auf-Vorliegendes in der Absicht, dessen Geltungsprinzipien herauszupräparieren – nicht Selbstreflexion der Anfangsbestimmung. Deshalb gewinnt sie, streng genommen, an jenem Vorgegebenen nur ihm äußerliche Bestimmungen, während es sich doch um dessen eigentliches Sein handeln soll. So ist die Transzendentalphilosophie äußere Reflexion auf die Sache und damit der Sache.

Zwar wendet die zweite Stellung des Gedankens zur Objektivität sich dem Denken als Prinzip von Objektivität zu; sie tut es jedoch in einer Weise, in der das Verhältnis beider durch einen Rest von Äußerlichkeit gekennzeichnet bleibt. Die Transzendentalphilosophie ist ein Denken der Einheit von Denken und Sein im Modus der äußeren Reflexion, nicht der inneren Selbstentwicklung des Denkens. Sie bleibt trotz ihres Relationismus im ›Gegensatz des Bewusstseins‹ befangen. Zwar nimmt sie durch ihre Konzeption des Denkens die Äußerlichkeit von Begriff und Gegenstand, Denken und Sein durchaus in sich zurück, das Verhältnis bleibt jedoch abstrakt: die Relata ergeben sich nicht in der Weise ihrer Selbsterzeugung durch Selbstanwendung. Sie ergeben sich vielmehr aus der Tätigkeit eines philosophierenden Subjekts, das sich auf ein unmittelbar Gegebenes mittels unmittelbar gegebener Bestimmungen bezieht. Das Bedenken des Gehalts des Gegebenen in seiner ursprünglichen Bestimmtheit erfolgt mittels Begriffen, die (noch) nicht durch den Reflexionsgang ausgewiesen sind. Sie sind ihm vielmehr unterstellt, werden also von außen in die Reflexion eingeschleust. Die Vernunft aber verlangt, die Denkbestimmungen unverbrüchlich in ihrer Notwendigkeit darzutun.

Erst die dritte Stellung, d. i. der spekulative Idealismus, wird sie als Ergebnis einer Selbstkonstitution des Denkens begreifen. Damit vollbringt der spekulative Idealismus den Geltungsanspruch des transzendentalen Idealismus, der zu Recht für die Unabhängigkeit der Vernunft eintritt und sich entsprechend in aller Vehemenz dagegen wehrt, etwas, das den Charakter der Äußerlichkeit hat, in den philosophischen Reflexionsgang hineinzunehmen.

§ 20 c) Der *spekulative Idealismus* ist methodisch dem Gedanken einer durchgängigen Selbstbestimmung und damit Selbstdifferenzierung verpflichtet, und zwar so, dass das Denken des Absoluten sich als absolutes Denken erweist: als Denken, das seinen Bestimmungsgrund nur in sich und nicht außer sich hat. Im Denken des Denkens begreift das Denken sich als Prinzip aller Bestimmtheit.

Das Absolute ist folglich nicht mehr bestimmt durch Begriffe, die nicht durch den Reflexionsgang selbst ausgewiesen sind. Es gibt hier keine äußerlichen Hinzunahmen, kein hypothetisch Angenommenes, anderweitig noch zu Begründendes, sondern nur strenge Notwendigkeit der Begriffsentwicklung – vom Anfang bis zum Ende. Die in der zweiten Stellung noch wirksame und mit dem Programm radikaler Selbsterkenntnis unverträgliche Differenz von Sache der Darstellung und Darstellung der Sache ist in der dritten Stellung aufgehoben. Die Sache bewegt sich selbst, legt sich selbst aus. Das tätige Allgemeine besondert sich und bestimmt sich dadurch in seiner Einzelheit.

Wie die Transzendentalphilosophie ist der spekulative Idealismus eine Philosophie der Vernunft, und wie die Transzendentalphilosophie denkt er diese Vernunft nicht wie die Metaphysik als ein Seiendes, auch nicht als ein höchst oder seienderweise Seiendes; er denkt den der Vernunft als Vernunft eigenen Gehalt, d. i. er denkt die *Vernunft als Idee:* Idee nicht im Sinne einer mentalen Vorstellung von irgendetwas oder als zwar notwendige, jedoch nie vollständig zu erfüllende Aufgabe des Menschen als eines vernunftbegabten Wesens, sondern Idee als Einheit von Begriff und Realität, als Subjekt-Objekt-Einheit und damit das Wahre als eines solchen. Alles Endliche, durch Reflexion einander Entgegengesetzte ist im Einen, das die Idee ist, aufgehoben. Endliches ist geradezu dies, sich selbst in der Idee als dem Einheitsgrund jedweder Differenz, der Einheit in der Vielheit, aufzuheben.

Dies aber lässt sich philosophisch nur begreifen, wenn die kritische Methode der Transzendentalphilosophie zur spekulativen transformiert wird. Nur dann wird das Absolute als sich in sich differenzierende Einheit von Entgegengesetzten denkbar. Es bestimmt sich selbst. Spekulativ ist der spekulative Idealismus nicht deshalb, weil er je nach Lust und Laune ungedeckte semantische Schecks zückt, sondern weil seine Methode die des In-sich-selbst-Spiegelns von Bedeutung ist (lat. speculum = Spiegel). Dieses Spiegeln besagt: Der in der Philosophie thematische Inhalt des Denkens selbst ist es, der zu einem anderen Inhalt, zu einer anderen Bedeutung führt, der/die ihn bestimmt. Der Inhalt bewegt sich also selbst, nicht durch äußere Reflexionen des Philosophierenden: die Reflexion des Inhalts setzt und erzeugt seine eigene Bestimmung.

Diese Selbsterzeugung durch Selbstanwendung der Bestimmungen des Denkens (Gedankenbestimmungen) kann als *reflexive Konstitutivität* bezeichnet werden. Das Absolute konstituiert sich selbst, indem es sich reflektiert. Nur so sind seine Bestimmungen auf- und ausweisbar. Es unterscheidet sich in sich und führt die aus ihm hervorgehenden Unterscheidungen, näherhin: Entgegengesetzten, zu sich zurück – Selbsterkenntnis der Vernunft als wahrhafte Selbstbestimmung des Absoluten.

DENKEN UND SEIN

§ 21 Der *Anfang* einer solchen Philosophie und damit der Anfang des Denkens des Denkens als des Absoluten bildet angesichts des Dargelegten ein besonders intrikates Problem. Er lässt sich mitnichten, wie Schelling wirkungsmächtig meinte, leicht auf zehnerlei verschiedene Arten machen, sondern nur auf eine einzige. Die Notwendigkeit in der Selbstbestimmung des Absoluten, und damit dessen Absolutheit, ginge sonst von Anfang an verloren. Philosophie degenerierte zu einem bloßen Spiel von Möglichkeiten, anstatt zu denken, was in Wahrheit ist.

Während die anderen Wissenschaften mit einer subjektiven Voraussetzung bezüglich ihres Gegenstandes und der Methode seiner Erforschung anfangen mögen, ist für die Philosophie als Wissenschaft maßgebend, dass ihr Gegenstand und ihre Methode sich als Ergebnis des Denkens des Denkens allererst ergeben. Sie verletzte sonst die methodische Forderung der Voraussetzungslosigkeit, wäre also keine Wissenschaft des Absoluten mehr. Einen Anfang hat die Philosophie nur in Bezug auf das Subjekt, das sich entschließt, zu philosophieren; in sich selbst ist sie reine Selbstbestimmung des Absoluten; ihr Anfang ist die *Selbstexplikation des Standpunkts, wo sie als Philosophie immer schon war.*

Freilich müssen wir als philosophierende Subjekte zu diesem Standpunkt der Selbstexplikation des Absoluten gelangen, uns also entschließen, zu philosophieren (das Absolute wissenschaftlich zu erkennen). Es ist der Entschluss dafür, das Denken als solches zu betrachten, also rein denken zu wollen. Rein systematisch gesehen kommt es bei diesem Entschluss nur auf die Einsicht an, dass ein Erkennen des Denkens als des Absoluten das Denken nicht von vornherein mit allerlei Voraussetzungen belastet sein darf, sondern nur zu denken ist als Einheit, aus der alles andere ist. Als eine solche Einheit ist das Denken nicht mehr ein Denken, das sich durch einen ›Gegensatz des Bewusstseins‹ auszeichnet, also Denken gedacht als durch einen Gegensatz charakterisiert: Denken versus

Sein, Subjekt versus Objekt, Bewusstsein versus Gegenstand, Ich versus Welt, mind versus world, Sinnlichkeit versus Verstand o. Ä. Im Entschluss, das Denken als solches zu betrachten, manifestiert sich die Einsicht, dass ein im Gegensatz befangenes Denken, ein Denken, für das der Subjekt-Objekt-Dualismus maßgebend ist, fehlschlägt, wenn das Absolute gedacht werden soll; näherhin, wenn begriffen werden soll, was objektives, inhaltsgesättigtes Denken ist. Der besagte Dualismus vernichtet die Möglichkeit dieses Begreifens von vornherein.

Hegel hat mit seiner *Phänomenologie des Geistes* (1807) über eine Diskussion des erscheinenden Wissens versucht, in der Form eines sich selbst vollbringenden Skeptizismus das natürliche Bewusstsein in die philosophische Wissenschaft einzuleiten. Am Ende dieser Diskussion ist der Gegensatz des Bewusstseins insofern überwunden, als sich herausstellt, dass es das Wissen selbst ist, das sich in Wissen und Gegenstand differenziert, das reine Wissen also die Einheit beider, die Einheit des Bewusstseinsgegensatzes, ist. Ebendiese Einheit ist sodann in einer Philosophie des Denkens zu denken.

Derselbe Hegel jedoch hat zugleich betont, dass der Weg über die *Phänomenologie* nur *ein* möglicher Weg zu jener Einsicht in eine im Denken selbst liegende Einheit ist. Der andere ist eben der Entschluss, das Denken als solches zu betrachten. Dieser Entschluss ist freilich auch das Ergebnis eines Bildungsprozesses des philosophierenden Subjekts (wie überhaupt jedwedes vermeintlich unmittelbare Wissen durch einen Bildungsprozess vermittelt ist). Aber nicht auf diesen Prozess kommt es an, sondern auf die in diesem Prozess erreichte Einheit als das Thema einer radikal fundierenden Philosophie. Deren Bestimmtheit ist sodann in einer philosophischen Lehre des Denkens im Modus der Notwendigkeit zu denken. Jedwede Äußerlichkeit wäre somit getilgt, Bestimmtheit das Ergebnis einer sich selbst bestimmenden Selbstbewegung des Denkens: der Fortgang der Bestimmung des Anfangs des Denkens ist der Rückgang in den Grund des Denkens als Prinzip aller Objektivität.

§ 22 Ohne Denken gibt es überhaupt kein Bewusstsein von was auch immer. Erkennendes Denken denkt den Inhalt des Bewusstseins in der Form des Gedankens und bestimmt damit die Wahrheit des Inhalts. Philosophisches, begreifendes Denken denkt das Wahre als ein solches, ist eine Lehre objektiven Denkens selbst.

Dieses Denken ist in jedwedem objektiven Denken vorausgesetzt. Eine philosophische Lehre objektiven Denkens kann ihre Bestimmung des Denkens also nicht durch den Rekurs auf Vorgegebenes, vermeintlich Objektives anfangen (sie ist somit keine Lehre vom Seienden als Seiendem, keine Lehre eines vorgegebenen Etwas). Dies hieße nämlich, zu Begründendes an die Stelle von Begründetem bzw. Begründendes setzen. Was es am Anfang der Philosophie als Wissenschaft zu bestimmen gilt, ist das Denken.

Es ist das Denken, das von allem Vorgegebenen absieht und dennoch einen Inhalt hat: sich selbst. Das Denken ist daher nicht als ein bloß formales unter Absehung seines Inhalts thematisch, sondern als *objektives* Denken, näherhin als ein Denken, das seinen Inhalt nicht gegen, sondern in sich hat. Jedwedem anderen Anfang gegenüber wiederholte sich die Begründungsfrage, ist der Anfang doch immer ein Ergebnis von Denken. Denkt das Denken sich selbst, dann hat es sich selbst zum Inhalt in der Form des Gedankens. Der Anfang der Philosophie ist der Anfang des Denkens: Denken in seiner Anfänglichkeit und damit *Denken in der Anfänglichkeit des Denkens seiner selbst.* Es denkt, was notwendigerweise zum Denken gehört: es denkt reine Gedankenbestimmungen. Indem es reine Gedankenbestimmungen denkt, entwickelt es seine eigene Bestimmtheit. Es entwickelt sie nicht an Anderem, sondern an sich selbst. Denkt es, was notwendigerweise zum Denken an Bestimmtheit gehört, dann ist es der Inhalt des Denkens selbst, der sich in der Bestimmung seiner selbst von Bestimmtheit zu Bestimmtheit bewegt. Insofern ist in dieser reflexiven Konstitutivität das Denken des Denkens voraussetzungsloses Denken.

§ 23 Der Anfang des sich selbst voraussetzungslos denkenden Denkens ist nichts als reine Unmittelbarkeit. Er kann nur das unbestimmte, einfache Unmittelbare sein, denn der Anfang darf als Anfang nichts Vermitteltes und weiter Bestimmtes sein; es muss sich beim Anfang um den Gedanken rein in der Minimalbestimmtheit seiner Bestimmungslosigkeit handeln (also nicht um irgendein Unmittelbares, Unbestimmtes). In seiner Anfänglichkeit ist das Denken nichts als das zu Bestimmende (Erkennende), Bestimmbare (Erkennbare), noch Unbestimmte (Unerkannte). In ihm ist als Anfang nichts enthalten, das ihn von Anderem unterscheidet, sondern nur einfache, unbestimmte Unmittelbarkeit. Von jedwedem Bezug auf Anderes ist im Gedanken des Anfangs abstrahiert. Als gänzlich Unbezügliches ist er das Abstrakteste, Leerste, Einfachste. Dieser Gedanke reiner Unmittelbarkeit etabliert das universale Minimum des Denkens, das zugleich das Maximum, das Universum des Denkbaren ist. Er ist daher in jedwedem anderen Gedanken vorausgesetzt.

§ 24 Der tradierte Begriff für diesen umfassenden Begriff des Denkbaren ist der des *Seins*:[1] Denken ist Denken des Seins. Das Undenkbare kann nicht sein. Sein ist die meist elementare und allgemeine Denkbestimmung: unbestimmte Unmittelbarkeit. Ist der Anfang des Denkens das Sein, das Denken als Sein, dann spielen Unterscheidungen wie die von Wissen und Gegenstand, Denken und Wirklichkeit, Subjekt und Objekt, Form und Inhalt, Ich und Welt, Körper und Geist, Immanenz und Transzendenz usw. noch gar keine Rolle. Dies alles wären schon bestimmte Anfänge, Anfänge späterer Ordnung, keiner ein reiner Anfang des Denkens. Der Anfang des Denkens ist nichts als reine Unmittelbarkeit, reines Sein (noch kein Da- oder Sosein, kein bestimmtes Sein). Aus welchen Gründen auch immer das philosophierende Subjekt sich entschließt, rein Denken zu wollen, aus diesem Entschluss ergibt sich stets nur ein Unmittelbares, etwas ohne Inhalt, ohne weitere Bestimmung, etwas, das als Anfang der Anfang eines Bestimmungsprozesses ist, aus dem heraus seine Bestimmtheit allererst hervorgeht.

Der Abstraktheit dieses Anfangs des Denkens wegen könnte man auf die Bezeichnung (reines) ›Sein‹ freilich gänzlich verzichten, gibt es am Anfang doch nur den Anfang des Denkens. Dieser Anfang ist das Unmittelbare, Unbestimmte. Was der Anfang ist,

[1] Als Orientierungshilfe für den geneigten Leser verweisen Termini in Groteskschrift auf Bezeichnungen, die Hegel den entsprechenden Begriffen gegeben hat. Es werden allerdings nicht alle solche Termini derart gekennzeichnet, sondern vorwiegend jene, die einen übergeordneten Rahmen andeuten.

wird sich im Denken des Anfangs ergeben. Nimmt man das reine Sein, das bloße ›ist‹, nun als diese reine Unmittelbarkeit, dann ist der Gedanke des Seins derjenige Gedanke, der sich als Anfang des Denkens eignet.

SEIN

§ 25 Das Denken bestimmt sich selbst als schlechthinnige Voraussetzung alles Gedachten. Der Fortgang der Bestimmung des Anfangs des Denkens als der Gedanke des Seins ist daher zugleich ein Insichgehen der Anfangsbestimmung: ein Fortgang, der ebenso Rückgang in den Grund des Denkens als Grund aller Bestimmtheit ist. Hegel hat diesen Prozess in seiner *Logik* in bis heute unübertroffener Differenziertheit und im Zusammenhang dargelegt. Das Folgende arbeitet in systematischer Weise Hauptstufen dieses Bestimmungsprozesses als Stufen von Bestimmungsfunktionen heraus. Als *Bestimmungsfunktionen des Denkens seiner selbst qua Grund aller Bestimmtheit* sind sie eo ipso Funktionen der Selbstbestimmung. Jedwede Äußerlichkeit der Bestimmung ist somit von Anfang an abgewehrt. Das Absolute enthält alle Bestimmtheit in sich selbst und kann nur aus sich selbst erkannt werden.

§ 26 Der Anfang des sich selbst als Grund aller Bestimmtheit bestimmenden Denkens bildet diejenige Selbstbestimmungsfunktion, die *Bestimmtheit allererst etabliert.* Diese Etablierung ergibt sich aus dem Gedanken des reinen Seins. Der Gedanke des reinen Seins ist der Gedanke in seiner reinen unbestimmten Unmittelbarkeit. In dieser seiner Bestimmungslosigkeit aber ist das Sein das (reine) Nichts. Der Anfang des Denkens qua Anfang der Selbstbestimmung des Absoluten im Element reinen Denkens, d.i. des Logischen, ist somit ambivalent. Obwohl Sein und Nichts sich auszuschließen scheinen, ist der mit dem Seinsgedanken als des unbestimmten Unmittelbaren zu eröffnende logische Raum offenbar identisch mit dem Nichts: Nichts ist ebenfalls unbestimmte Unmittelbarkeit, reine Unbestimmtheit. Sein als Bestimmung des Anfangs geht von sich aus in das Nichts über. Gleiches gilt für das Nichts. Als das, was es ist, unbestimmte Unmittelbarkeit nämlich, ist es vom Sein nicht unterschieden: das Nichts geht von sich aus ins Sein über.

Jedenfalls gilt dies, sofern beide in ihrer Bestimmtheit isoliert betrachtet werden. Als solche erweisen sich Sein und Nichts als dergestalt begrifflich instabil, dass sie zwar beanspruchen, das Ganze des Anfangs, unbestimmter Unmittelbarkeit, zu sein, von sich aus jedoch ineinander übergehen, genauer: sich gar nicht begrifflich für sich festhalten lassen, sondern immer schon ineinander übergegangen sind. Der logische Begriff des Werdens drückt ebendieses unmittelbare ineinander Verschwinden von Sein und Nichts als des Ganzen und damit die Wahrheit beider aus. Im Werden ist das Verschwinden von Sein und Nichts ineinander verschwunden. Denn das Werden ist der Begriff des Denkens als eines reinen, sich selbst unmittelbar vermittelnden Zusammenhangs des Gedankens: *unmittelbare Selbstvermittlung reiner Unmittelbarkeit.*

Der Anfang des Denkens ist unbestimmte Unmittelbarkeit und als solches sowohl Sein als auch Nichts. Beide erweisen sich als unselbstständige Aspekte unbestimmter Unmittelbarkeit. Sie erweisen sich damit als *Momente* des Einen, das der Anfang des Denkens ist. Unterscheiden voneinander lassen sie sich erst in ihrem Zusammenhang. Als reine Unbestimmtheit sind beide gedacht als ein Nullfall von Bestimmtheit: Sein Denken ist Denken, das nichts an Bestimmtheit denkt; Nichts denken ist als Denken Sein denken; das Denken in seinem Anfang als unbestimmter Unmittelbarkeit ist der ebenfalls unmittelbare Zusammenhang von Sein und Nichts: Werden.

Folglich ist das dritte Moment unbestimmter Unmittelbarkeit als der *Einheit der Momente,* d.i. das Werden qua unmittelbare Einheit von Sein und Nichts, kein Verhältnis von bestimmten Größen. Erst im Ergebnis des Ineinanderübergehens der Momente der Anfangseinheit etabliert sich Bestimmtes, etabliert sich *bestimmtes Sein.* Es etabliert sich für sich Denkbares, das nicht immer schon in Anderes übergegangen ist, sondern eben Bestimmtes ist: Bestimmtheit ergibt sich aus Unbestimmtheit. Die Momente selbst als Momente der Anfangseinheit sind jede eine Einheit von Sein und Nichts; sie bestehen nur in diesem fortwährenden Ineinanderübergehen. In ihm haben sie ihre Einheit und Differenz. Ist dem so, dann hebt sich jedes an ihm selbst auf und ist insofern an ihm selbst das Gegenteil seiner. Das Denken des Anfangs des Denkens ergibt das reine Sein und dieses den Gedanken als selbstbezügliche

Einheit: als *Ganzes sich wechselseitig bedingender Gedankenbestimmungen.*

§ 27 Sein und Nichts bilden den Anfang von Bestimmtheit. Entsprechend machen sie die in allem Fortgang des Denkens zu erhaltende Grundlage aus. Aus ihrem Zusammenhang, der das Werden ist, ergibt sich der Begriff *bestimmten Seins,* d. i. der Begriff des Daseins. Während Sein und Nichts als unbestimmte Unmittelbarkeiten, Unbezügliches im Werden, als aufeinander bezogen und damit in ihrem Unterschied gedacht werden, liegt erst mit dem Dasein eine bestimmte Einheit vor. Einerseits handelt es sich um eine Einheit des reinen Übergehens, eine Einheit des Bezogenseins der Anfangsmomente des Denkens (Sein und Nichts), um ein prinzipiell Instabiles also. Anderseits aber, nimmt man die Einheit nicht in ihrem Zustandekommen, sondern als Zustandegekommenes, d. i. als Ergebnis, dann ist sie als Stabiles gedacht: als bestimmtes Sein. Dasein ist dieser erste Fall von Bestimmtheit. Es ist das Ergebnis des anfänglichen Zusammenhangs der Denkmomente. Bestimmtes Sein, Dasein, Gedachtes, betreffen die Einheit von Sein und Nichts nicht in ihrer Dimension des Zustandekommens, sondern des Zustandegekommenseins (Werden in der Form des Seins, also in einem der Momente des Seins). Bestimmtes Sein ist *einfaches Einssein* von Sein und Nichts. Das reine Sein hat sich zu bestimmtem Sein, Bestimmtem, konkretisiert: Sein nicht mehr als reine, unterschiedslose Unmittelbarkeit, sondern Sein (unmittelbar in eins) mit einer Bestimmtheit – Sein mit einem Nichtsein (Nichts). Dieses negative Moment macht die *Bestimmtheit* oder *Qualität* des Seins aus.

Dasein als bestimmtes Sein ist in sich unterschieden; es ist eine in sich unterschiedene Einheit. Als Dasein handelt es sich freilich um ein Sein, das unmittelbar eins ist mit seiner Bestimmtheit (Qualität, seiende Bestimmtheit). Ist das Dasein eine unmittelbare Einheit, dann ist die Bestimmtheit der Momente der Einheit vorausgesetzt. Diese Momente, und damit die Voraussetzung der Einheit, müssen ausdrücklich gemacht, also gesetzt werden. Damit wird die eigene Bestimmtheit des Daseins bestimmt, und zwar so, dass sie nicht äußerlich zum Dasein hinzukommt, sondern immanent aus dem schon Erreichten hervortritt. So ist der Fortgang der Bestimmung zugleich Rückgang in den Grund und infolgedessen

Ergebnis wahrhafter Selbstbestimmung, reflexiver Konstitutivität. Das Absolute, so wie es im Anfang des Denkens ist, bleibt in sich und bringt alle Bestimmtheit aus sich hervor.

§ 28 Die unmittelbare oder seiende Bestimmtheit, die das Sein als Dasein hat, ist dessen Qualität. Das Dasein ist seine Qualität. Bestimmtes Sein ist, was es ist. Es ist eins mit seiner Bestimmtheit. Diese aber ist sein Nichtsmoment, seine Negativität: Dasein ist Sein mit der Negation, die seine Bestimmtheit ausmacht. In der Form des Seins und damit seiner Positivität genommen ist die Qualität oder seiende Bestimmtheit des Daseins die Realität (Sachhaltigkeit); in der Form des Nichts und damit seiner Negativität genommen ist die Qualität Qualität als nichtseiende Bestimmtheit, als Negation. Somit differenziert sich Dasein, als das bestimmte Sein, das es ist, selbst in Realität und Negation. Beide sind *Momente der Eigenbestimmtheit der Qualität.* Dasein, zunächst eins mit seiner Bestimmtheit, erweist sich als in sich unterschieden. Es enthält eine gewisse Bestimmtheit, die seine Realität oder Sachhaltigkeit ausmacht, schließt infolgedessen zugleich eine andere Bestimmtheit aus (Negation): Realität in ihrer Bestimmtheit enthält das Moment des Negativen. Nur so ist sie das Bestimmte, das sie ist. Wäre Realität bloß Unbestimmtes, sie wäre nichts als Sein.

Mit alledem wird im Dasein ein *bestimmungsfunktionales Selbstverhältnis* sichtbar, das sich als Etwas oder Daseiendes bezeichnen ließe: Dasein ist zwar eins mit seiner Bestimmtheit, im Etwas ist es jedoch in dieser von ihm unterschiedenen Bestimmtheit (der Qualität) explizit auf sich selbst bezogen: seine Negation (Bestimmtheit) bezieht sich auf sich und negiert sich damit ebenfalls (Negation der Negation, negative Einheit mit sich).

§ 29 Durch diesen Selbstbezug des in sich konkretisierten Daseins ist erstmals (wenn auch in maximal unbestimmter Weise) ein Bestimmtes erreicht. Die im Werden zum Vorschein gekommene Vermittlung des Seins mit sich selbst ist im Etwas gesetzt. Als gesetzte Selbstvermittlung ist das Etwas der *Anfang des Subjekts* von Bestimmungen (ὑποκείμενον, subjectum, Substrat). Dieses Bestimmungssubstrat ergibt sich aus der Entwicklung der Momente Realität und Negation im Dasein; es ergibt sich somit durch die Bestimmung der Eigenbestimmtheit des Daseins. Allgemeiner gesprochen: *die Selbstbestimmungsfunktionalität des Denkens setzt das Denken als Substrat seiner eigenen Bestimmungen.*

Die Bestimmtheit wiederum jenes Etwas, die es als Einheit von Realität und Negation hat, involviert das Negative (die Negation) als das *Bestimmungverleihende.* Dieses Negative ist selbst ein Daseiendes. Es ist somit nicht, wie das Nichts, reine Unbestimmtheit, sondern ein Negatives des Etwas, das sich als Anderes, ebenfalls als seiend Gesetztes, qualifizieren ließe. *Etwas ist seiner Eigenbestimmtheit nach durch Anderes bestimmt:* es ist bestimmt durch das, was es nicht ist. Etwas ist seiend als die Negation der Negation. Mehr noch: Indem das Andere die Bestimmtheit des Etwas ausmacht, ist das Etwas nicht ein solches, das als von diesem Anderen unabhängig gedacht werden könnte – das Etwas ist vielmehr an sich das Andere seiner selbst.

§ 30 Das selbsterkenntnisfunktional Interessante an dieser begrifflichen Konstellation ist, dass offenbar eine neue Konstitutionsstufe des Absoluten erreicht ist: Anfänglich konstituierte das Absolute sich mit dem Sein als dem All des Denkbaren, das in seiner Unmittelbarkeit zwar Unbestimmtheit ist, sich jedoch zur Bestimmtheit weiterbestimmt. Im Etwas, als die gesetzte Selbstvermittlung des Seins, etabliert es sich als Subjekt seiner eigenen Bestimmungen. Damit aber beginnt das Sein, das zunächst (wie gleichfalls das Nichts) beanspruchte, das Ganze zu sein, sich in sich zu dissoziieren: Dasein differenziert sich als das bestimmte Sein, das es ist, im Zuge seiner Konkretisierung in Etwas und Anderes. Beide sind Daseiende, Etwas. Etwas ist durch Etwas, das ein Anderes ist, bestimmt. In seiner Vermittlung mit sich selbst ist das Absolute folglich dergestalt in sich gegangen, dass es sich zu einem *Selbstbestimmungsverhältnis* transformiert hat. Das Absolute hat sich als ein Selbstverhältnis konstituiert, freilich als ein anfängliches Selbstbestimmungsverhältnis.

Hierin liegen zahlreiche Implikationen (Differenzierungen, Gedankenbestimmungen). Sie laufen insgesamt darauf hinaus, dass das exponierte seinslogische Selbstbestimmungsverhältnis sich fortwährend hinsichtlich seiner Selbstbezüglichkeit verdichtet, bis schließlich als Ergebnis dieser fortwährenden, die *Selbstbezüglich-*

keit verdichtenden Selbstbestimmung ein anfängliches Verhältnis absoluter Relationalität vorliegt.

§ 31 Diese Entwicklung zu einem Verhältnis absoluter Relationalität ergibt sich dadurch, dass die Dissoziation des Seins die Sphäre des Daseins qualifiziert als das Sein in seiner Dimension der Endlichkeit. Denn das Etwas ist zwar durch Anderes als das Andere seiner selbst bestimmt, für sich genommen aber steht dieses Andere dem Etwas zunächst äußerlich gegenüber. Es ist ein anderes Etwas, ein negatives Etwas: Anderes. Beide sind einander gleichgültig (d.h. nicht als aufeinander bezogen gedacht); beide schließen sich als bestimmtes Sein wechselseitig aus. Als Etwas und Anderes haben sie ihr jeweiliges Ansichsein; zugleich jedoch sind sie Andere für einander. Sie beanspruchen Selbstständigkeit (Ansichsein) und sind aufeinander bezogen (Sein-für-Anderes). Als bestimmtes Sein implizieren sich Ansichsein und Sein-für-Anderes, Selbstständigkeit und Aufeinanderbezogensein, also wechselseitig.

Haben beide Gedankenbestimmungen ihren Sinn nur in Bezug aufeinander, dann stehen Etwas und Anderes weder in einem äußerlichen Verhältnis zueinander noch haben sie ihre Bestimmtheit unabhängig von der ihres Zusammenhangs. Ihre Bestimmtheit gehört sowohl ihrem Ansichsein als auch ihrem Sein-für-Anderes an. Der logische terminus technicus für diesen Sachverhalt ist der der Grenze: durch seine Grenze ist Etwas das, was es ist, und es ist zugleich auf Anderes bezogen, von dem die Grenze es trennt. *Bestimmtheit ist immer auch Limitation.*

So ist das Etwas endlich. Seine Endlichkeit besteht darin, dass es begrenzt ist durch Anderes, auf das es sich zugleich bezieht. Das Etwas bezieht sich in der Grenze negativ auf sich selbst und verweist darin zugleich über sich hinaus auf Anderes. Indem das Endliche nur in und durch seine Grenze ist, was es ist, erweist sich das, was es nicht ist, bestimmend für das, was es ist. Es gehört ihm intrinsisch zu. Gehört es seinem Ansichsein an, dann ist das Endliche durch seine Grenze selbstständig wie unselbstständig. Endliches ist somit in sich widersprüchlich. Endliches ist das, was es ist, durch das, was es nicht ist: es ist von sich aus die Negation seiner selbst. Aufgrund seiner eigenen Bestimmtheit ist das Endliche dies, *sich selbst in und durch seine Selbstbegrenzung aufzuheben.*

§ 32 Ist es die Natur des Endlichen, sich durch und in seiner Selbstbegrenzung aufzuheben, dann ändert es sich nicht nur, sondern als Endliches vergeht es. Indem es sich selbst aufhebt, vergeht es in das wahrhaft Unendliche: was ist, ist nur das Unendliche. Mit der Transformation des Endlichen zum wahrhaft Unendlichen kommt es zu einer neuen Konstitutionsdimension des Absoluten: zur *Selbstbestimmung als einem Verhältnis intrinsischer Selbstvermittlung*.

Zunächst freilich vergeht das Etwas als Endliches zum Anderen, das ebenfalls ein Etwas ist, also zu einem anderen Etwas, d.i. zu Endlichem. Etwas geht in Anderes und dieses Andere wiederum in Anderes über: das Vergehen des Endlichen führt zu einem unendlichen Progress. Folglich stehen Endliches und Unendliches einander bloß äußerlich gegenüber, begrenzen sich gegenseitig (Vergehen – Unvergängliches, Endliches – Nicht-Endliches). Deshalb sind beide endlich. Sind beide endlich, dann lassen sie sich nicht mehr voneinander unterscheiden. Die zunächst erreichte Unendlichkeit ist eine bloß endliche, negative, schlechte Unendlichkeit: sie ist die perennierende Negation des Endlichen, die zwar das Unendliche intendiert, jedoch stets wieder zu Endlichem führt.

Dieses Herumtoben im Endlichen aber heißt nichts anderes als: das Vergehen des Endlichen ist selbst das positiv-Unendliche, die wahrhafte Negation des Endlichen, die fundierende Einheit von Endlichem und schlecht-Unendlichem, die beide allererst zu dem macht, was sie sind (Endliches). Denn wenn Etwas in Anderes als ein anderes Etwas übergeht, die beide Andere füreinander sind, dann geht Anderes in Anderes über. Indem Etwas in Anderes übergeht, geht es also nur mit sich selbst zusammen. Gerade weil sich Endliches und schlecht-Unendliches als Endliches nicht mehr voneinander unterscheiden lassen, sich als Etwas und Anderes zu einander verhalten, gehen sie in ihrem Übergang ineinander nur mit sich zusammen.

Solche Selbstbeziehung im Übergehen zum Anderen ist wahrhafte Unendlichkeit. Wahrhafte Unendlichkeit ist Selbstvermittlung in eins mit ihren Relata: *Übergehen in Anderes als Zusammengehen mit sich.*

§ 33 Infolgedessen wird das Endliche zum Moment des Unendlichen. Zwar hat das Dasein dem Moment seines Seins nach Realität, als im Unendlichen aufgehobenes Endliches wird es jedoch zur Idealität. Das wahrhaft Endliche hat keine von der wahrhaften Unendlichkeit abgelöste Selbstständigkeit, sondern ist, was es ist, nur als Moment eines Selbstvermittlungsprozesses. Ebendarin besteht die *Idealität des Endlichen.* Über seine Bestimmtheit der Realität des Daseins hinaus erweist sich das Endliche in Wahrheit als ideell.

Freilich ist die daseinslogische Form von Unendlichkeit eine noch unentwickelte. Sie ist noch kein selbstbestimmtes mit sich Zusammengehen; vielmehr handelt es sich nur um den Ansatz zur Bestimmung wahrhafter Unendlichkeit. Gleichwohl liegt ein prozesshaftes Selbstverhältnis von Etwas und Anderem vor, Zusammengehen mit sich. Bestimmtheit ist demnach zu einem Verhältnis geworden, in dem das Bestimmte sich nur auf sich bezieht, sodass jedwede Äußerlichkeit und Losgelöstheit von Etwas und Anderem getilgt ist. Es herrscht *selbstvermittelte Bestimmtheit,* Bestimmtheit, die sich auf sich bezieht: Fürsichsein; nicht mehr Sein-für-Anderes, sondern Sein-für-Eines.

Die Sphäre des Daseins hingegen ist die der Endlichkeit, der Differenz. Das Absolute ist kein Endliches, kein relatives Bestimmtsein, sondern wahrhaft Unendliches und als solches Fürsichsein, absolutes Bestimmtsein, unendliches Sein, gesetzte Einheit der Differenz, des Seins und der Bestimmtheit (Negation): das Absolute ist selbstvermittelte Bestimmtheit.

§ 34 Im Fürsichsein ist diejenige Konstitutionsstufe erreicht, in der das Dasein qua Verhältnis zwischen Daseiendem als *unmittelbare Selbstbeziehung* ist; alles Endliche bildet ein Moment des Verhältnisses: wahrhafte Unendlichkeit. Jedweder Ausschluss von Anderem ist ausgeschlossen, jedwedes Negative negiert. Bestimmtheit ist als sich auf sich beziehende Bestimmtheit, Beziehung des Negativen auf sich. Infolgedessen betrifft es ein Verhältnis der Selbstbestimmung des Denkens als des Absoluten, das sich nicht mehr als Etwas und Anderes explizieren lässt. Diese sind immerhin zu Momenten geworden, also zu unselbstständigen Bestimmungsstücken des Einen als des Ganzen.

Im nunmehr etablierten unmittelbaren Verhältnis der Selbstvermittlung sind die zu ihm führenden Bestimmungen zu einer in sich unterschiedslosen Einheit verschwunden. Das Fürsichsein als

Sein-für Eines lässt sich insofern als Eins qualifizieren: alles ist Eins, jedweder Unterschied negiert, Bestimmtheit nur als sich auf sich beziehend, ohne Beziehung auf Anderes, durchgängige Immanenz, einfache Beziehung des Fürsichseins auf sich. Die Bestimmtheit, die es als Negation hat, kann daher nur sich auf sich beziehende Negation des Eins sein. Dieser Selbstausschluss qua Unterscheidung des Eins von sich selbst (Repulsion) ist das Setzen desselben, also das Setzen vieler Eins. Somit konstituiert sich eine Mannigfaltigkeit unmittelbarer vieler Eins: Vieles. Die Vielen sind aber auch alle Eins, sodass das Abstoßen des Eins von sich zugleich Beziehung auf sich und damit Zusammenhang vieler Eins ist (Attraktion).

Offenbar konkretisiert oder realisiert sich im Fürsichsein ein Verhältnis anfänglicher *Selbstbestimmung durch Selbstvermittlung:* ein Selbstverhältnis, das sich in diesem seinem Tun als Selbstbestimmung zwar noch nicht durchsichtig, d.h. begrifflich bestimmt ist, gleichwohl im Zuge seines Konkretisierens, Realisierens, Explizierens sich auf dem Weg befindet, sich in seinem Begriff zu erfassen.

§ 35 So kommt es zur logischen Sphäre der Quantität (Größe). Qualität ist Bestimmtheit, die unmittelbar eins ist mit dem Sein. Deshalb ist der qualitativ-logische Raum konzipiert als bestehend aus jeweils isolierten Bestimmtheiten. Mit der Quantität hat das Sein sich jedoch durch die Repulsion des Eins in Viele transformiert zu einem Ganzen, einer *Kontinuität der Vielen* und insofern zu einem Ganzen in sich unbegrenzter und unbestimmter Mannigfaltigkeit. Hier ist Bestimmtheit nicht mehr als eins mit dem Sein gesetzt, sondern als aufgehoben in der Weise schlechthinniger Gleichgültigkeit der Bestimmtheit. Daher können sich im quantitativ-logischen Raum bestimmte und begrenzte diskrete Verhältnisse, d.i. Quanta, ausprägen, ohne dass sich zugleich das Sein der jeweiligen Sache ändert. An der Qualität lässt sich vielmehr eine quantitative Dimension ausmachen. Die Bestimmtheit von Bestimmtheit (Qualität) hat diese Dimension immer schon vorausgesetzt.

Das Explizieren (Realisieren, Konkretisieren, Setzen) der vorausgesetzten Quantität in der Qualität und der in ihr jeweils wiederum unmittelbar vorausgesetzten Begriffe führt zur Einsicht, dass sich das zunächst rein Quantitative auch als qualitativ bestimmt erweist. Quantität, die ohnehin zunächst nichts als aufgehobene

Qualität ist, setzt also auch Qualität voraus. Das Explizieren der Voraussetzung führt das Denken somit durch die Bestimmung der Quantität hindurch zur Einheit des Qualitativen und Quantitativen. Quantität ist selbst eine Qualität.

§ 36 Zunächst handelt es sich bei der Sphäre der Quantität um einen *Raum möglicher diskreter Vielheit,* in der sich bestimmte oder begrenzte, einander äußerliche Quanta allererst herausbilden können. Der Begriff der Quantität bestimmt sich sodann fort zu der Bestimmtheit des Quantums und dem aus diesem hervorgehenden unendlichen Progress weiterer Quanta (Reihe natürlicher Zahlen). Dieses Hinausgehen eines Quantums über sich selbst zu einem anderen Quantum ist kein Fortgehen zu einem ihm Äußerlichen, sondern zu sich selbst: ein Sich-Kontinuieren des Quantums in sein Anderssein. Der quantitativ-unendliche Fortgang ist also ein Selbstverhältnis, ein Verhältnis zwischen Quanta.

Gerade die Bestimmung dieses quantitativen Verhältnisses macht deutlich sichtbar, dass Quanta, die in einem Verhältnis stehen (positiv rationale Zahlen), ihre Bestimmtheit, wie Etwas und Anderes, nicht mehr unabhängig voneinander haben (a, b), sondern nur noch in Bezug aufeinander (a/b; a/b = c/d). Sie haben also ihre Selbstständigkeit verloren, ihre Bestimmtheit ist vermittelte Bestimmtheit. Zwar beziehen sich im quantitativen Verhältnis die endlichen Quanta für sich genommen immer noch gleichgültig oder äußerlich aufeinander, zugleich sind sie jedoch zu Momenten des Verhältnisses geworden. Folglich sind sie das, was sie sind, nur in diesem Verhältnis. Daher zeichnen sie sich durch Idealität oder Unendlichkeit aus. Das quantitative Verhältnis ist ein durch *Selbstvermittlung ausgezeichnetes Selbstverhältnis.* Da die Quanta ihre Bestimmtheit nur im Verhältnis zueinander haben, verhalten sie sich im Anderen zu sich selbst. In quantitativ reiner und insofern wahrhaft unendlicher Weise geschieht dies in der Infinitesimalrechnung. Hier ist jedwede Bestimmtheit der Glieder jenseits des Verhältnisses getilgt, während durch das quantitative Verhältnis endliche Quanta allererst sein können, was sie sind: Momente des Unendlichen.

Im selbsterkenntnisfunktionalen Durchgang durch die Quantität kommt somit das Qualitative der im Verhältnis stehenden quantitativen Glieder zum Vorschein. Das im Verhältnis stehende Quantum hat doch nicht nur eine gleichgültige, beliebig veränderbare Bestimmtheit ($a/b = c/d$; $a/b \neq aa/b$). Das Quantum hat seine Bestimmtheit ausschließlich und alleine in seiner Beziehung auf das jeweils Andere. Die Quanta sind nicht mehr als äußere aufeinander bezogen, sondern in ihrem Anderssein geradezu in sich selbst zurückgekehrt. Quantität, die zunächst negierte Qualität war, negiert somit schließlich die Negation der Qualität – und stellt sie damit in Einheit mit der Quantität wieder her.

§ 37 Dieses *qualitative Quantum* ist das Maß: die unmittelbare Einheit von Qualität und Quantität. Im Maß ist das Quantum nicht mehr als eine dem Sein gleichgültige Bestimmung, sondern als das, was die Qualität ist: als dasjenige, wodurch etwas ist, was es ist (oder als solches nicht mehr ist). Was irgendwie da ist, hat nicht nur Qualität und Quantität, sondern zugleich (s)ein Maß als (s)eine Einheit beider. Der Zusammenhang oder die Einheit dieser einander zunächst bloß äußerlichen Maße des Vielen ist nicht wiederum ein Maß qua Bestimmtheit eines bestimmten Seins (dies führte in eine schlechte Unendlichkeit); es ist vielmehr dessen Negation: die *Negation der Einheit von Qualität und Quantität.*

§ 38 Mit dieser Negation aber wird die Bestimmtheit des Seins selbst negiert. Immerhin machen Qualität und Quantität die Bestimmtheit des Seins aus. Die Selbstbestimmung des Seins, angefangen mit dem Sein als unbestimmter Unmittelbarkeit, resultiert in die Negation aller Bestimmtheiten des Seins, d. i. in eine absolute Indifferenz gegenüber den jeweiligen Bestimmtheitskomplexionen des Maßes. Die absolute Indifferenz trifft sie alle. Als Resultat einer Gedankenentwicklung ist die absolute Indifferenz freilich nicht Nichts (so wenig wie sie etwa Qualität oder Quantität ist), sondern *das Sein als der reine Vermittlungszusammenhang seiner Bestimmtheiten* (Qualität, Quantität und Maß als deren unmittelbarer Einheit): das Sein als sich auf sich beziehendes Unterscheiden und zur Einheit Bestimmen.

Als selbst quantitativ und qualitativ Bestimmungsloses ist die absolute Indifferenz indifferent gegenüber aller Bestimmtheit dergestalt, dass sie in einer unmittelbaren Weise den *Ursprung von Be-*

stimmtheit ausmacht. Als dieser Ursprung von Bestimmtheit ist sie nichts als ein reiner Vermittlungszusammenhang von Bestimmtheit: die Einheit reinen Vermittelns von Bestimmtheit, des Setzens von Bestimmtheit. Was ist, ist nicht das so oder so Unmittelbare – Sein erweist sich als immer schon Ergebnis von Vermittlung, als selbstvermittelte Bestimmtheit. Insofern ist das Sein Schein: Es ist zur Vermittlung mit sich geworden, d.h. zum Scheinen des Seins in sich selbst.

§ 39 Während das Sein in seiner Qualität einfach in ein anderes übergeht, wird die Unbestimmtheit von Quantitativem durch innere Unterschiede charakterisiert, die sich letztlich im Maß als Verhältnisse reiner Selbstvermittlung ausweisen lassen. Damit tritt der Gedanke aus der Sphäre des Seins als dem logischen Raum der *Unmittelbarkeit* in die Sphäre des Wesens als den logischen Raum der *Vermittlung* und damit absoluter Relationalität ein. Die sich aus dem Maß ergebende logische Entwicklung führt also zur Setzung einer zu bestimmenden neuen Unbestimmtheit: dem *Vermitteln von Bestimmtheit.* Was ist, ist nicht unmittelbare Gleichheit der Bestimmtheit mit sich, seiende Bestimmtheit. Was ist, ist Vermittlung. Das Absolute ist nicht das Sein – es ist das *Wesen.*

WESEN

§ 40 Das Denken oder das Absolute ist nunmehr thematisch als das Wesen des Seins. Das Sein ist der Schein des Wesens, das Wesen der sich selbst begrifflich nicht durchsichtige, sondern bloß vollziehende, Bestimmtheit bloß hervorbringende oder vermittelnde Grund des Seins. Dem Sein liegt Vermittlung zugrunde. Es ist, wie es ist, weil ein Zugrundeliegendes (ὑποκείμενον, subjectum) ihm als solchem Bestimmtheit verleiht: es ist, weil es Ergebnis einer Vermittlung ist. Insofern gründet das Sein im Wesen: *das Wesen ist der Grund des Seins*. Vermeintlich Unmittelbares entpuppte sich als Vermitteltes; das Wesen ist ebendieses Vermitteln von Bestimmtheit. Daher ist es selbst nur als solches Bestimmen oder Vermitteln das, was es als Wesen ist. Das Sein des Wesens ist nicht Unmittelbarkeit, sondern reine *Vermittlungsfunktionalität* und damit reines Setzen von Bestimmtheit.

§ 41 Daher ist das Wesen Setzung des Seins als eines Anderen, mag es sich auch um das Andere seiner selbst handeln. Indem das Wesen reine Vermittlungsfunktionalität ist, ist das Absolute gedacht als Wesen freilich noch nicht adäquat für sich selbst: das Wesen ist Vermitteln von Bestimmtheit, Setzen von Anderem, nicht Selbstvermittlung bzw. Setzen seiner selbst. Obzwar schon das Sein das Absolute ist, ist es das Absolute bloß an sich. Im Wesen hingegen wird es zum Absoluten, das für sich ist, wenn auch im Modus bloßer Aktuosität. Als Absolutes im Modus bloßer Aktuosität behalten die Momente ungeachtet ihrer intrinsischen wechselseitigen Bezogenheit einen noch zu tilgenden Rest von Selbstständigkeit, d. h. von bloß vorausgesetzter Bestimmtheit. Insofern ist im Wesen das Absolute zwar thematisch als Absolutes, wird jedoch noch nicht begrifflich und damit in seiner reinen *Selbstvermittlungsfunktionalität* erfasst. Erfasst wird es nur in seiner Vermittlungsstruktur. Das Wesen ist die Sphäre der Vermittlung. So ergibt sich aus der Entwicklung des Seins zwar das Wesen als das Absolute; aus der

Entwicklung des Wesens ergibt sich, dass es nicht das Absolute sein kann.

§ 42 Mit dem Wesen liegt nicht mehr Unmittelbarkeit des Seins vor, sondern eine Gedankenstruktur, zu der das Sein sich durch die Negativität seiner selbst mit sich vermittelt hat. Es handelt sich somit um eine Struktur, in der die Relata von vornherein auf ihre Einheit, ihren Zusammenhang bestimmt sind. Die Momente des Ganzen haben von Beginn an keine Bestimmtheit unabhängig von ihrem Zusammenhang, ihrem Aufeinanderbezogensein. Ebenso hat die Einheit ihre Bestimmtheit nur als Einheit der Momente. Die Einheit ist Einheit der Momente, die Momente sind Momente der Einheit. Sie sind durcheinander vermittelt.

Was macht die Bestimmtheit reiner Vermittlung aus? Sie ist eine Struktur des von sich her Aufeinanderbezogenseins, der Spiegelung, des Scheinens in sich selbst, der sich auf sich beziehenden Negation, kurzum: der *Reflexion*. Die Bestimmungen des Wesens sind als reflektierte Bestimmungen durch das Wesen selbst vermittelte oder gesetzte Bestimmungen. Freilich handelt es sich beim Wesen um ein Scheinen-in-sich, in dem das Sein aufgehoben ist: um ein Sich-wechselseitig-Implizieren der Relata, das nichts mehr außerhalb seiner selbst hat, sondern Bestimmtheit allererst als Ergebnis seiner Vermittlung erzeugt. Das Wesen bezieht sich in seinem Vermitteln nur auf sich selbst. Insofern ist es reines Vermitteln. Sein erweist sich als Schein: als Schein des Wesens. Das Wesen ist Reflexion als *vermitteltes Selbstverhältnis*.

§ 43 An diesem Verhältnis lassen sich *Vermitteln* und *Vermitteltes* unterscheiden. Zunächst ist das Wesen als Reflexion in ihm selbst und damit als reines Vermitteln, Scheinen, Sich-wechselseitig-Implizieren. Entsprechend sind die Bestimmungen der Reflexion nicht Bestimmungsstücke eines Vermittelten, das von sich her in Vermittlungsverhältnissen steht, sondern Bestimmungsstücke der Vermittlung qua Vermitteln. Bevor das Wesen erscheint, scheint es in sich. So setzt es seine Bestimmungen:

a) Das erste Moment der Bestimmtheit der Struktur reiner Vermittlung als Reflexion in sich bildet die Reflexionsbestimmung der *Identität*. Die besagte Struktur ist zum einen das, was sie ist, als

Ergebnis des Insichgehens, d. h. der reflexiv-konstitutiven Bestimmung des Seins. Die mit dem Wesen vorliegende Identität ist daher keine unterschiedslose oder abstrakte Identität. Sie ist eine, die das Sein als Aufgehobenes in sich enthält: eine Identität Unterschiedener, Identität in der Differenz, Identität mit sich.

Die Identität des Wesens ist nicht die der Unmittelbarkeit des Seins, sondern reflektierte Beziehung auf sich, sich auf sich beziehende Negativität. Zwar resultiert das Wesen aus dem Prozess reflexiv-konstitutiver Selbstbestimmung des Seins; wird es jedoch als einfache Unmittelbarkeit der Reflexion genommen, dann ist das Wesen Identität als *aufgehobene Unmittelbarkeit*. Es hat somit sein Sein als Negation: als Identität ist es einfache sich auf sich beziehende Negativität.

b) Infolgedessen enthält das Wesen, zum anderen, an ihm selbst *Unterschied*. Die Vermittlungseinheit, die das Wesen ist, ist nicht nur Identität, sondern ebenfalls durch Unterschied charakterisiert. Identität in einem Verhältnis von Relata impliziert explizit Unterschied. Folglich hat Identität an ihr selbst den Bezug zu Unterschied, sie scheint in den Unterschied. Für sich genommen ist Identität der mit sich identische Unterschied, die mit sich identische Nicht-Identität. Unterschied hat daher ebenfalls Identität an ihm selbst.

c) Das Wesen als reine Vermittlung ist damit nicht nur ein Selbstverhältnis von Identität und Unterschied. Freilich, Identität und Unterschied implizieren sich wechselseitig, sie schließen sich jedoch zugleich auch wechselseitig aus: Identität ist nicht Unterschied und vice versa. Das Wesen als Verhältnis der Reflexion, des Scheinens in sich, des Von-sich-her-auf-sein-Anderes-bezogen-Seins, der wechselseitigen Implikation der Relata des Verhältnisses, ist zugleich etwa durch *Verschiedenheit, Gegensätzlichkeit* (Aufeinanderbezogensein von Unterschiedenen, die darin ihre Bestimmtheit haben, also nur als in sich reflektiert sind) und damit auch *Widerspruch* gekennzeichnet.

§ 44 Der reflexiv-konstitutive Bestimmungsfortgang des Wesens als des vermittelten oder in sich reflektierten Selbstverhältnisses führt zu einer bestimmungslogisch reichen Struktur von Identität und Unterschied sowie zur Einheit von Identität und Unterschied.

Sie führt somit zum Ganzen des Reflexionsverhältnisses. Die Reflexion in sich enthält Identität, Unterschied und deren Einheit qua Einheit beider Momente des Ganzen. Das Ergebnis, zu dem die Vermittlung führt, ist das *Vermittelte* als Einheit von Identität und Unterschied: die *Totalität der Vermittlung*. Dieses Ergebnis, das Vermittelte, ist zum einen Ergebnis der Vermittlung, zum anderen als Ergebnis auch insofern unabhängig von ihr, als das Vermittelte eben ein durch die Reflexion Gesetzes ist.

§45 Ist das Wesen eine solche Einheit, dann ergibt sich das Insichsein des Wesens als *Grund:* als Reflexion-in-sich, die ebenso Reflexion-in-Anderes ist, als das in sich seiende Wesen, das Grund von Etwas, von Anderem ist. Als Totalität gesetzt, ist das Wesen der Grund. Es hat sich zum Grund vermittelt, als Grund bestimmt.

Ein Grund aber hat die Differenz von Grund und Begründetem an sich: der Grund ist Grund von Etwas, von einem Anderen. Die Reflexion in sich erweist sich als Grund, die als ihr Anderes das von ihr Abhängige hat, d. i. das Begründete. Dieses ist zwar ein Vermitteltes, als Begründetes jedoch zugleich dem Grund gegenüber auch selbstständig: es ist vermittelt als dem Grund gegenüber selbstständig. Als solches vermittelte Selbstständige ist es das *Existierende.* Das Wesen ist somit der Grund der Existenz, Existenz das aus dem Grund hervorgegangene Sein, Einheit von Sein und Reflexion. Das Wesen ist wesentliches Sein: Sein, das durch Aufhebung der Vermittlung vermittelt ist. Näherhin ist es Grund, der im Begründeten mit sich zusammengeht, sodass sich seine Reflexion in Anderes als seine Reflexion in sich entpuppt, die Menge Existierender als Reflektierten in sich und in Anderes.

Das aus einem Grund Hervorgegangene wird dem Grund gegenüber selbstständig ebenso wie der Grund dem Begründeten gegenüber ein Selbstständiges wird. Was Grund ist, ist auch ein von Anderem Begründetes und Begründetes ebenso Grund für Anderes. Die sogenannte Welt der *Erscheinungen* – und eine Erscheinung ist als gesetzte Existenz bestimmt als Erscheinung des Wesens, das Wesen somit nicht mehr jenseits oder hinter der Erscheinung – ist das Ganze dieses unendlichen Bedingungsgefüges von Begründenden und Begründeten.

§ 46 Ein solcher Zusammenhang bedingter Gründe bedarf freilich selbst eines unbedingten Grundes, der ihn zugleich als Moment einer übergreifenden Einheit des Wesens qua Vermitteln und Vermittelten ausweist, einer Einheit von Vermitteln in sich und Vermitteln von Anderem. Er bedarf also eines Zusammenhangs, in dem er aufgehoben ist. Dieser Zusammenhang ist die *Wirklichkeit:* die Wirklichkeit als gesetzte Einheit von Wesen und Erscheinung und damit von Sein und Wesen. In einer so konzipierten Wirklichkeit geht das Vermittelnde nicht mehr einfach in das Vermittelte auf; vielmehr wird das fundierende Abhängigkeitsverhältnis des Vermittelten vom Vermitteln zur Geltung gebracht. Immerhin betrifft es einen Vermittlungszusammenhang.

Genauer besehen betrifft es einen Vermittlungszusammenhang, der *Selbstvermittlungszusammenhang* ist. Das Wesen muss erscheinen. Die Wirklichkeit ist die Erscheinung des Wesens. Hier ist das Innere das Äußere bzw. das Äußere das Innere geworden. Wirklichkeit heißt dann freilich Wirklichkeit in einem emphatischen Sinne, nämlich im Sinne einer exemplarischen Instanziierung (eine ›wirkliche‹ Freundin, ein ›echter‹ Künstler, ein ›typischer‹ Wissenschaftler usw.): Wirklichkeit, in der das Wesen zur Darstellung kommt, Wirklichkeit, in der das Wesen unmittelbar das Sein, das Sein unmittelbar das Wesen ist.

Deshalb ist mit dem Begriff der Wirklichkeit eine Einheit von Vermitteln und Vermitteltem erreicht, in der jedwede Verselbstständigung des Vermittelten getilgt ist: eine gänzlich sich in sich vermittelnde Einheit. Das Wesen manifestiert sich im Vermittelten; das Vermittelte ist die Manifestation des Wesens. Es bleibt in seinem Vermitteln gänzlich bei sich, setzt kein Selbstständiges mehr aus sich heraus, sondern schließt es als seine Manifestation in sich ein. Sein Dasein ist also nicht die Manifestation eines Anderen, sondern die *Manifestation seiner selbst.* Der logische Begriff der Wirklichkeit ist ebendiese Einheit von Sein und Wesen.

§ 47 Von einer solchen sich gänzlich selbst fundierenden Einheit von Vermitteln und Vermitteltem lässt sich mit Fug und Recht behaupten, dass es sich um das *Absolute* handelt. Die Einheit, die die Wirklichkeit ist, ist nur aus sich selbst und kann nur aus sich selbst begriffen werden. Sie ist durchgehend durch sich selbst bedingt. Das Absolute ist also – die Wirklichkeit.

Als Wirklichkeit ist das Absolute freilich noch nicht in seiner internen Struktur bestimmt. Die Wirklichkeit ist zunächst die gesetzte Einheit von Sein und Wesen, die in ihrer Aktuosität für sich, d.h. im Zuge eines reflexiv-konstitutiven Prozesses der Selbsterkenntnis des Denkens sich selbst thematisch ist. Insofern ist die Wirklichkeit eine zu bestimmende unmittelbare Einheit.

Ist das Absolute die Wirklichkeit, dann ist es weder ein bloß Mögliches, nämlich etwas, das sich noch nicht zu einer durch ihn vermittelten Gestalt verwirklicht hat, noch ein bloß Zufälliges, also etwas, das anders hätte sein können und folglich kein vom Wesen Vermitteltes ist. Möglichkeit und Zufälligkeit sind Momente des Wirklichen. Die Wirklichkeit hat ihre Notwendigkeit in sich selbst, ist von nichts Anderem als sich selbst bedingt. Das Absolute verwirklicht sich selbst; es ist notwendig wirklich gewordenes Mögliches. Das Absolute ist selbst der Grund seiner Wirklichkeit.

§ 48 Ist das Absolute der Grund seiner eigenen Wirklichkeit, dann handelt es sich beim zum Absoluten transformierten Wesen um ein *absolutes Verhältnis:* ein Verhältnis, dessen Relata ihre Bestimmtheit ausschließlich und allein im Verhältnis haben ebenso wie das Verhältnis nichts als das Verhältnis der Relata ist. Jedwede Äußerlichkeit ist in der Weise der Vermittlung getilgt, das Verhältnis ein rein selbstvermitteltes Verhältnis, ein Verhältnis unbedingter oder besser: *selbstbestimmter Vermittlung,* Ergebnis einer Vermittlung, die ohne Rekurs auf Bedingungen außerhalb ihrer selbst auskommt. Das absolute Verhältnis setzt sich selbst und bleibt in seinem Setzen und Gesetzten durchgängig bei sich selbst. Wodurch zeichnet sich ein solcher *reiner Selbstvermittlungszusammenhang* aus?

§ 49 Die Wirklichkeit ist Einheit von Sein und Wesen, der unreflektierten und der reflektierten Unmittelbarkeit, bildlich gesprochen: des ›Inneren‹ und des ›Äußeren‹. Das Wesen als das Innere ist unmittelbar zugleich das Sein als das Äußere, das Sein zugleich das Wesen. Das Absolute ist diese Einheit in ihrer Unmittelbarkeit, der Grund von allem, das Eine, aus und in dem alles andere ist, absolute, Sein und Wesen in sich vereinigende Totalität.

Die Bestimmtheit einer absoluten Totalität ergibt sich nicht durch den Bezug auf Anderes, sondern nur als *Manifestation* seiner selbst. Manifestation ist Selbstbestimmung durch Selbstvermittlung. Jedwede andere Explikationsweise setzt das Absolute immer schon voraus, ohne von dieser Voraussetzung begrifflich Rechenschaft ablegen zu können.

Als sich in sich vermittelnde Einheit, Einheit von Sein und Wesen und damit des Inneren und Äußeren bestimmt das Absolute sich weder als ein Werden noch als ein Emanieren (Ausfließen, Sich-Äußern) aus der Überfülle des Einen. Seine Bestimmung kann nur das Zeigen seiner selbst sein: *Selbstauslegung*, also bei sich bleibendes Tun des Absoluten. Es wäre widersinnig, das Absolute, als die absolute Identität von allem, die es ist, wie ein Subjekt (Subjektbegriff) durch Prädikate (Prädikatbegriffe) zu bestimmen. So bliebe das Absolute nur die Negation aller Prädikate, während es als Absolutes noch seiner Negation zugrunde liegt: es ist absolute Identität, Einheit von Sein und Wesen. Die Darstellung des Absoluten ist nur als Selbstdarstellung, Zeigen, Offenbaren, Manifestation seiner selbst denkbar. Das Absolute ist erkennbar, weil es sich manifestiert.

Zwar manifestiert das Absolute sich immer nur in irgendeiner Bestimmung, etwa als absolute Identität; wäre dies jedoch die ganze Wahrheit, es handelte sich nur um das Absolute in (irgend-)einer relevanten Bestimmtheit (Attribut, Eigenschaft), also um ein relativ Absolutes, nicht um ein absolut Absolutes. Die Bestimmungen eines wahrhaft Absoluten sind keine Attribute, sondern das identische Setzen seiner selbst: sie sind die reflektierende Bewegung des Absoluten, das Manifestieren seiner Identität.

Das Absolute ist *Selbstmanifestation*. Es manifestiert sich in einer bestimmten Art und Weise (Modus). Allerdings kann es sich beim Absoluten nicht mehr um die Manifestation eines Inneren handeln; es ist vielmehr absolutes sich für sich selbst Manifestieren: das Absolute ist *es selbst* in seiner Äußerlichkeit, Einheit von Sein und Wesen: Wirklichkeit. Das Absolute manifestiert sich selbst und ist so Wirklichkeit, während die Wirklichkeit das Sich-Zeigen des Absoluten ist.

§ 50 Als Einheit von Sein und Wesen oder Unmittelbarkeit und Reflexion ist die *Wirklichkeit* zum einen das Unmittelbare, Sein. Zum anderen ist sie als Reflexion *Möglichkeit;* die Möglichkeit ist das Wesentliche zur Wirklichkeit, freilich abstrakt als nur Möglichkeit. Das Wirkliche ist immer auch ein Mögliches. Möglich ist alles, was sich nicht widerspricht. Deshalb ist alles zugleich formell unmöglich, denn dasjenige, was ist, hat seine Negation an ihm selbst (Bestimmtheit). Das nur oder formell Mögliche impliziert somit seine eigene Unmöglichkeit.

Darin liegt zunächst, dass das Mögliche die Möglichkeit seines Gegenteils, seines Anderen in sich enthält. So ist die Möglichkeit Wirklichkeit. Das Wirkliche ist als Wirkliches möglich. Ist es nur oder formell möglich (und damit formelle Wirklichkeit), dann könnte das Wirkliche nicht sein. Könnte das Wirkliche nicht sein, dann ist es ein *Zufälliges* bzw. das Zufällige ein Wirkliches, das zugleich als ein nur Mögliches bestimmt ist, dessen Gegenteil also ebenfalls möglich ist. Als Zufälliges ist das Wirkliche ohne Grund; sonst wäre es nicht zufällig. Da es jedoch wirklich und nicht nur möglich ist, hat es einen Grund. Hat es einen Grund, dann ist das Zufällige notwendig. Im Begriff der Zufälligkeit, wie er sich im Zuge der Bestimmung des Begriffs der Wirklichkeit (zunächst als des Absoluten, Einheit von Sein und Wesen) ergeben hat, kommen Wirklichkeit und Möglichkeit als ihrer Einheit zusammen, und zwar als *Notwendigkeit.*

§ 51 Da Möglichkeit, Zufälligkeit und Notwendigkeit Momente der Wirklichkeit in ihrer formellen Bestimmtheit sind, gilt für die inhaltliche Bestimmtheit der Wirklichkeit (reale Wirklichkeit), dass sie als Einheit dieser Momente nicht einfachhin Sein, Realität, Existenz, Erscheinung u. dgl. ist, sondern *Manifestation* ihrer selbst. Was inhaltlich wirklich ist, wirkt, gibt etwas kund durch das, was es bewirkt. Insofern kommt zur formellen Bestimmtheit der Wirklichkeit die inhaltliche hinzu. Dass etwas nicht nur formaliter möglich ist (Widerspruchslosigkeit), sondern auch realiter, hängt davon ab, ob die Bedingungen, die die Sache hervorbringen, erfüllt sind. Es hängt also davon ab, ob die vorhandene Wirklichkeit so ist, dass es zur entsprechenden Wirkung kommen kann.

Das reale Wirkliche manifestiert sich durch ein anderes Wirkliches. Insofern verhält es sich in seinem Manifestieren zu sich selbst. Der Übergang von der realen Möglichkeit einer Sache zur Sache selbst ist *Selbstvermittlung:* in ihrem Übergang geht sie nicht in Anderes über, sondern mit sich selbst zusammen und wird zugleich Möglichkeit einer anderen Wirklichkeit. Die Wirklichkeit wird Möglichkeit. Möglichkeit und Wirklichkeit sind damit dergestalt vereinigt, dass die Wirklichkeit nicht mehr die Möglichkeit eines Anderen ist, sondern die ihrer selbst, während die Möglichkeit die Möglichkeit ebenfalls nicht mehr eines Anderen, sondern die ihrer selbst ist. Die Wirklichkeit ist die Möglichkeit ihrer selbst, die Möglichkeit ihrer selbst die Wirklichkeit.

Dies aber ist Notwendigkeit. Etwas ist notwendig, wenn es durch sich selbst vermittelt ist, seine Vermittlung in sich enthält. Insofern ist die Notwendigkeit nicht nur formaliter, sondern auch realiter die Einheit von Möglichkeit und Wirklichkeit. Wenn die Bedingungen vorhanden sind, folgt notwendigerweise die Sache. *Der Begriff der Notwendigkeit ist formaliter wie realiter der entwickelte Begriff der Wirklichkeit.* Dies betrifft nicht nur die relative oder reale Notwendigkeit der Wirklichkeit einer bestimmten Sache, einer beschränkten Wirklichkeit also, die von der Wirklichkeit der Bedingungen als ihrer Voraussetzung und somit von Zufälligem abhängt; denn auch das real Zufällige enthält Notwendigkeit. Deren Einheit kann somit nicht der Begriff einer irgendwie beschränkten Wirklichkeit sein, sondern nur eine unbeschränkte oder absolute.

§ 52 Mit dem Begriff einer absoluten Wirklichkeit ist zugleich der Begriff einer *absoluten Notwendigkeit* erreicht. Notwendigkeit ist, zu Ende gedacht, Selbstvermittlung. Das schlechthin Notwendige ist in keiner Weise von Anderem bedingt, sondern hat nur sich selbst zur Bedingung: es ist, weil es ist, bedingt sich selbst, ist Einheit von Wirklichkeit und Möglichkeit, von Unmittelbarkeit und Reflexion, Vermittlung mit sich, absolute Negation der Vermittlung durch Anderes, Manifestation seiner selbst. In diesem Sinne ist es die absolute Wirklichkeit: Wirklichkeit, die nicht anders sein kann, da sie Notwendigkeit ist. Die relative (reale) Notwendigkeit hat eine zufällige Wirklichkeit zur Voraussetzung; dadurch wird sie wirkliche Notwendigkeit. Diese hat als Notwendigkeit nicht nur

Zufälliges zur Voraussetzung, sondern wird selbst Zufälliges, hat Zufälligkeit an ihr selbst. Indem die absolute Notwendigkeit sich selbst zur Zufälligkeit bestimmt, setzt sie als Notwendigkeit, was sie voraussetzt. Sie ist die übergreifende bzw. fundierende Einheit von relativer Notwendigkeit und Zufälligkeit, wie sie, allgemein gesprochen, überhaupt ihre Unterschiede in sich durchsichtig gemacht hat.

§ 53 *Die absolute Notwendigkeit ist die Auslegerin des Absoluten,* dessen Form oder Reflexion. Das Absolute, zunächst bloße Identität von Sein und Wesen und nunmehr zur absoluten Notwendigkeit entwickelt, ist, weil es ist. Das Absolute ist absolute Notwendigkeit: ein unverbrüchlicher, die Identität von Sein und Wesen durchwaltender Zusammenhang. Als absolute Notwendigkeit ist das Absolute und ist in sich selbst begründet. Sein Sein ist sein Wesen, sein Wesen sein Sein. Das Absolute ist der Grund seiner selbst, causa sui.

So ist das Absolute ein Verhältnis – ein absolutes Selbstverhältnis: ein Verhältnis, das sich in sich unterscheidet und gleichwohl durchgängig bei sich bleibt. In dieser Weise zeigt das Absolute sich. Deshalb ist das Absolute nicht nur Manifestation. Indem es sich durch die absolute Notwendigkeit auslegt, setzt es sich nämlich selbst als das, was es ist. Das Absolute als absolute Notwendigkeit ist keine unmittelbare Einheit von Sein und Wesen mehr, sondern eine vermittelte Einheit, ein *absolutes Verhältnis:* ein Verhältnis des Absoluten zu sich selbst, Einheit des Absoluten und seiner Reflexion. Es ist ein Verhältnis, dessen Glieder ihre Bestimmtheit nicht unabhängig vom Verhältnis haben, sondern nur in und durch es: ein Verhältnis der Selbstvermittlung. Durch die absolute Notwendigkeit legt das Absolute sich als ein absolutes Verhältnis aus. Was macht die Wirklichkeit eines solchen absoluten Verhältnisses aus?

§ 54 Absolut Notwendiges erwies sich als solches, das sich seine eigene Wirklichkeit gibt: Notwendiges, das Bedingung seiner eigenen Wirklichkeit ist und deshalb absolut selbstständig und sich selbst setzend. Ein solches ist die *Substanz.* Die Substanz ist die *unmittelbare Form* der Auslegung des Absoluten, also dessen unmittelbare Manifestationsform oder Seinsweise. Näherhin ist das absolute Verhältnis ein Verhältnis von Substanz und Akzidentien. Die Substanz ist somit ein bestimmtes Verhältnis von Sein und Wesen: das Absolute als selbstvermittelte Einheit von Sein und Wesen und damit als Selbstsetzung, Selbstbestimmung, unbedingtes Vermitteln seiner selbst. Da das Absolute sich als Substanz auslegt, ist es nicht bloß absolute Identität und nicht nur Selbstmanifestation in absoluter Notwendigkeit, sondern ebendarin zeigt es sich als Substanz.

Spinoza hatte die Substanz zu Recht gedacht als das, was in sich selbst ist und nur aus sich selbst (und nicht aus Anderem) begriffen werden kann und folglich Ursache ihrer selbst ist: causa sui, absolute Notwendigkeit, sich mit sich vermittelndes Sein. Freilich ist diese Bestimmtheit der Substanz nicht, wie bei Spinoza, durch eine Definition in unmittelbarer Weise einzuführen: sie hat ihre Berechtigung nur dadurch, dass sie sich als Resultat eines reflexiv-konstitutiven Selbstbestimmungsprozesses des Denkens ergibt. Im Zuge dieser Selbstbestimmung des Denkens erweist sich die Bestimmtheit der Substanz als unmittelbare Einheit von Sein und Wesen (absolute Identität).

Als solche Einheit ist die Substanz keine irgendwie unbestimmte und unerkennbare Unterlage aller Bestimmtheit, nicht eine bloß identische Grundlage alles Seins und Wesens, keineswegs nur das in aller Veränderung gleich Bleibende (Substratum alles Wechselnden), das allem Erkennbaren (Veränderungen, Akzidentien) Zugrundeliegende. Das Absolute als Substanz bestimmt sich zur bestimmten Identität von Sein und Wesen. In reflexiv-konstitutiver Weise generiert es die inhaltliche Bestimmtheit der Substanz aus sich selbst. Dergestalt ist die Substanz die Grundlage (ὑποκείμενον, subjectum), die ursprüngliche Einheit von allem: was ist, ist die Substanz in ihrer Auslegung. Weit entfernt davon, unerkennbar zu sein, ist alles Erkennbare vielmehr die sich auslegende Substanz.

Da die Substanz sich in ihren Setzungen oder Auslegungen (Akzidentien) nicht zu Anderem, sondern unmittelbar zu sich selbst verhält, ist sie als Notwendigkeit eine absolute Macht, die sich zur Akzidentalität bestimmt: das absolute Verhältnis ist reine Aktuosität. Als reine Aktuosität manifestiert die Substanz sich selbst: sie setzt oder bestimmt sich selbst in ihren Akzidentien, ist das Sich-Hervorbringende und damit die Ursache ihrer selbst.

Ebendeshalb ist das Absolute gar keine Substanz bzw. kein Substantialitätsverhältnis: Nur als sich vermittelndes Sein ist die Substanz wahrhaft Absolutes. Die Setzungen oder Akzidentien der Substanz sind jedoch keineswegs bloß Manifestationsweisen oder Modi des Absoluten, Gesetzes – sie sind ebenfalls Substanzen. Die Selbstvermittlung des Absoluten als Substanz differenziert die Substanz daher in zwei Substanzen. Erst hier kommt es zu einem eigentlichen Verhältnis: die Eine Substanz differenziert sich in eine setzende und eine gesetzte, eine Ur-Substanz und eine von ihr bewirkte Substanz (Akzidentien; Wirklichkeit): im Zuge der Selbstexplikation der ersten Selbstbestimmung des Absoluten als Substanz setzt die Substanz sich selbst als *Ursache und Wirkung.*

§ 55 Zum einen ist die Substanz nicht die Grundlage von Anderem, von ihr verschiedenen Akzidentien, sondern sie ist sich selbst in ihren Akzidentien, während die Akzidentien unmittelbar die absolute Substanz sind. Zum anderen entpuppt sich das als Substantialitätsverhältnis gedachte absolute Verhältnis als ein Verhältnis von Ursache und Wirkung. Das Absolute als die Eine Substanz und darin Grundlage von allem erweist sich also als in sich gespalten: es ist ein *Kausalitätsverhältnis.* Die Substanz manifestiert sich, indem sie eine Wirkung setzt; sie wird Ursache, ursprüngliche Sache. Die Ursache ist wirkende Substanz, hat Wirklichkeit als Ursache.

Somit ist die Substanz nicht nur causa sui, Sich-selbst-Setzendes, sondern *sie verwirklicht sich.* Sie ist wirklich in ihrer Wirkung, setzt ihre Wirklichkeit als Wirkung. In der Ursache liegt die Wirkung, in der Wirkung die Ursache. Ursache und Wirkung vergehen ineinander. Qua Inhalt lassen sie sich nicht unterscheiden. Die Eine Substanz ist Ursache und Wirkung. So ist die absolute Notwendigkeit Kausalität. Folglich ist das absolute Verhältnis auch als Kausalitätsverhältnis ein Selbstverhältnis. Die Ursache ist inhaltlich die Wirkung, die Wirkung inhaltlich die Ursache, die Substanz causa sui, Sein, das sich selbst setzt, und zwar so, dass es nicht nur Ursache ihrer selbst, sondern zugleich identisch mit ihrer Wirkung ist.

Zwar scheinen sich reale oder bestimmte Kausalitätsverhältnisse in einen unendlichen Regress von Ursachen bzw. Progress von Wirkungen zu verlieren; was diese Drohung einer begründungsfunktionalen Implosion jedoch der Sache nach zeigt, ist die Bestimmtheit, dass bestimmte Kausalitätsverhältnisse immer schon einen bestimmten Kausalzusammenhang voraussetzen, durch den sie verursacht sind, sowie fortsetzen, indem sie ihn bewirken. Realiter erlischt die Ursache nicht nur in der Wirkung, sondern wird in ihr wieder, ebenso wie die Wirkung in die Ursache verschwindet und in ihr wieder wird. Ursache und Wirkung heben sich in ihrem Setzen jeweils auf und setzen sich in ihrem Aufheben. Sie werden ineinander. Ebendieses Anderswerden ihrer selbst ist ihr Setzen. Die Kausalität setzt sich selbst und setzt sich zugleich voraus: sie bedingt sich selbst.

Bedingt sie sich selbst, dann handelt es sich bei der Kausalität nicht mehr um ein Verhältnis von zwei Substanzen und auch nicht um den bloßen Formunterschied (Ursache, Wirkung) eines identischen Inhalts. Das Substrat der Kausalität ist vielmehr sie selbst. Das Kausalitätsverhältnis erweist sich als ein *Verhältnis negativer Selbstbezüglichkeit, in dem das Eine nur in der Identität mit seinem Anderen ist.* Das absolute Verhältnis, das zunächst als Substanz sich zur Akzidentalität bestimmte und sodann in das Kausalitätsverhältnis überging, hat nunmehr das lineare Fortgehen von Ursachen zu Wirkungen und Wirkungen zu Ursachen in sich zurückgebogen: es ist ein Verhältnis fortwährender *Wechselwirkung.*

§ 56 Im absoluten Verhältnis konzipiert als Wechselwirkung wirken nicht mehr zwei Substanzen aufeinander, die als Substrate unabhängig von ihrem Wirken bestünden. Vielmehr ist die Ursache nur als Wirkung ihrer Wirkung, die Wirkung Ursache nur ihrer Ursache. Damit aber hat das absolute Verhältnis qua reines Verhältnis seinen Substanzcharakter abgestreift. Ursache und Wirkung bestimmen sich wechselseitig als das, was sie sind. Insofern ist ihr Unterschied nichtig, sie sind ununterscheidbar geworden. Ihre Einheit ist in Wahrheit – *Selbstbestimmung.*

Entsprechend ist Ursächlichkeit als Ursprünglichkeit einer Wirkung aufgehoben. Die Ursache setzt sich in ihrem Wirken immer schon voraus (als Bewirktes) und bleibt mit ihrem Wirken bei sich, nämlich Ursache (einer Wirkung), wirkt somit nur auf sich selbst als auf ein Anderes, als welches sie sich vorausgesetzt hat (causa sui). Die reine Wechselwirkung ist diese gesetzte Notwendigkeit als *unendliche negative Beziehung auf sich.* Dies ist im Grunde Kausalität. Was wechselwirkt, sind nicht mehr Ursachen, wirkende Substanzen, sondern *Momente*, die sich wechselseitig setzen. Dieser reine Wechsel mit sich selbst ist die Notwendigkeit: Sein, das ist, weil es ist, und ebendeshalb zugleich Vermittlung ist; Sein, das *Vermittlung als Selbstvermittlung* ist. Die Notwendigkeit als die Verhältnisweise der Substanz ist keine Fremdbestimmung, sondern erweist sich als reine Selbstbestimmung.

§ 57 Ist Notwendigkeit unendliche negative Beziehung auf sich und damit Selbstbestimmung, dann geht Notwendigkeit über in – *Freiheit:* die innere Identität der Notwendigkeit manifestiert sich als Freiheit. Freiheit macht die Notwendigkeit der Substanz aus. Die Wahrheit der Notwendigkeit ist die Freiheit. Wie es im folgenden Kapitel zu plausibilisieren gilt, zeigt die Wahrheit der Substanz sich daher als der *Begriff:* der Begriff ist dieses in sich Selbstständige, das sich in sich unterscheidet, zur Einheit bestimmt und in dieser Wechselbewegung nur bei und mit sich ist. Der Begriff ist damit zugleich die Wahrheit des Seins und des Wesens.

So ist der logische Raum des Wesens als des Setzens, Vermittelns, Bestimmens von Anderem zugunsten eines *logischen Raums der Selbstvermittlung, der Selbstbestimmung* aufgehoben: in reflexiv-konstitutiver Weise hat sich gezeigt, dass jedwede Fremdbestimmung, Vermittlung von Anderem, Selbstbestimmung voraussetzt. Folglich ist die Sphäre des Begriffs als des Prinzips von allem vorausgesetzt. Substantialität setzt Kausalität voraus, Kausalität Wechselwirkung, Wechselwirkung den Begriff als reine Selbstbestimmung. Wie Notwendigkeit die Verhältnisweise der Substanz ist, so ist Freiheit die des Begriffs. Mit dem Begriff ist nichts weniger als das Reich der Freiheit eröffnet.

§ 58 Das Absolute als Substanz, die sich in sich differenziert und dadurch als ursprüngliche Einheit bestimmt, hat sich doch nicht als das Prinzip von allem erwiesen. Das substanzlogisch konzipierte Absolute hat sich, zu Ende gedacht, vielmehr selbst überwunden, denn Substantialität und Notwendigkeit sind in den Begriff verschwunden. Die Substanz war das Absolute, das an-und-für-sich seiende Wirkliche, die mit der Wechselwirkung erreichte Einheit jedoch nicht mehr die eines solchen Absoluten, kein absolutes Sein, das sich selbst setzt und allem Seienden zugrunde liegt, kein Selbstverhältnis der Substanz bzw. von Substanzen (Seienden, Existierenden usw.).

Das Absolute war als absolute Notwendigkeit das sich selbst vermittelnde Sein; es war gedacht als Sein, das sich selbst setzt und dadurch manifestierte Substanz wird. Diese Selbstsetzung führte zur Verdoppelung der Substanz im Substantialitätsverhältnis und erwies sich als Kausalität. Die Kausalität wiederum implizierte die Verdoppelung der Substanz in eine wirkende und bewirkte und führte schließlich zur Auflösung ihres Substanz- oder Selbstsetzungscharakters: Ursache wie Wirkung sind beide Gesetzte. Das ihnen zugrunde liegende Verhältnis ist das einer Selbstsetzung, die zugleich schlechthin Setzung ist. Deshalb sind die Glieder eines wahrhaft absoluten Verhältnisses keine Substanzen – sie sind Bestimmungsstücke des *Begriffs* als Denkbestimmung, in der jedes Moment in seiner Differenz identisch mit den anderen Momenten ist. Die Bewegung von der Substanz über die Kausalität zur Wechselwirkung bildet somit die logische Genese des Begriffs.

BEGRIFF

§ 59 Mit dem *Begriff* ist das Denken sich selbst als reines, selbstbezügliches Beziehen thematisch geworden. Das Denken thematisiert sich als reine Selbstbestimmung, also nicht als Bestimmung von etwas, das von dieser Selbstbestimmung noch verschieden wäre. Das sich selbst denkende Denken denkt sich als solches Denken selbst. Der Begriff ist dieses Denken als *reines sich bestimmendes Selbstverhältnis.*

Sein und Wesen sind zwar ebenfalls Gestalten reiner Selbstbeziehung, sie sind jedoch nicht thematisch als sich selbst bestimmende Selbstbeziehung, sondern als *Unmittelbarkeit* (Sein) und *Vermittlung* oder Reflexion (Wesen). Während die Selbstbeziehung, die das Denken als Sein und damit als Unmittelbarkeit ist, fortgeht, indem es von einer Bestimmtheit in eine andere übergeht, besteht der Fortgang des Denkens als des Wesens und damit als Vermittlung im reflektierten (selbstanwendenden) Setzen einer anderen Bestimmtheit. Im Begriff indes ist die Selbstbeziehung des Denkens weder als Übergehen noch als Scheinen in Anderes: sie ist Selbstvermittlung, sich selbst bestimmende Selbstbeziehung. Die sich selbst bestimmende Selbstbeziehung ist die Sein und Wesen zugrunde liegende und durch sie reflexiv-konstitutiv hindurchgegangene unbedingte Einheit beider: die fundierende und nur durch sich selbst fundierte, also absolute Einheit von Unmittelbarkeit und Vermittlung. Anders als Sein und Wesen ist der Begriff nicht bloß tätige, sondern thematische unbedingte Selbstbestimmung. Sein und Wesen haben ihre Wahrheit im Begriff. Sie sind selbst Gestalten des Begriffs: des Begriffs in seiner Unmittelbarkeit und Vermittlung. In der Selbstvermittlung (der Bestimmtheit) des Begriffs, der Formen selbstbezüglichen Sichbestimmens des Denkens gründet jegliche Bestimmtheit.

§ 60 Die Entwicklung des Wesens hat gezeigt, dass ein wahrhaft absolutes Verhältnis kein Verhältnis der Substanz bzw. von Substanzen (Seienden, Existierenden, Wirklichkeit usw.) sein kann, sondern als *reines Selbstverhältnis* gedacht werden muss. Jedwede Unmittelbarkeit und Äußerlichkeit, wie noch enthalten im als Substanz konzipierten absoluten Verhältnis, ist überwunden. Der Begriff tritt als Absolutes an die Stelle des wesenslogisch konzipierten Absoluten. Das Absolute wird nunmehr zu einer mit sich identischen Einheit, die sich nicht mehr in bloßer Notwendigkeit zu etwas auslegt, sondern sich selbst in Freiheit entwickelt und so in seinem zwar von ihm unterschiedenen, gleichwohl nicht verschiedenen Anderen bei sich selbst bleibt – es ist nur Fortbestimmung seiner selbst. So ist das Absolute der Begriff. Der Begriff ist nicht nur Selbstauslegung als bei sich bleibende logische Tätigkeit des Absoluten, sondern Selbstbestimmung: Entwicklung als Bestimmung seiner eigenen Bestimmtheit. Diese Entwicklung der wesenslogisch erreichten absoluten Einheit betrifft nicht die Einheit eines Seienden bzw. eines Verhältnisses von Seienden; er betrifft die absolute Selbstbeziehung selbst als Struktur reinen Denkens. *Das Absolute als Monismus der Substanz hat sich zu einem Monismus des sich selbst begreifenden Denkens transformiert.* Die Substanz bildet zwar die unmittelbare Voraussetzung des Begriffs, der Begriff jedoch die Manifestation dessen, was die Substanz an sich ist. Die Vollendung der Substanz im Begriff ist daher nicht mehr Substanz, sondern Selbstsetzung des Denkens: Substanz, die Subjekt ihrer Tätigkeit geworden ist – zum Begriff befreite Substanz.

§ 61 Ist im Absoluten, das der Begriff ist, die Äußerlichkeit der Relata der Selbstbeziehung, die im substanzlogisch konzipierten Absoluten noch herrscht, getilgt, dann ist das Denken, näherhin der Begriff *unendliche Beziehung auf sich* (absolute, selbstbezügliche Negation). Der Begriff ist damit freie, schöpferische Tätigkeit, die zwecks ihrer Bestimmtheit nicht mehr auf einen außerhalb ihrer selbst vorhandenen Stoff angewiesen ist. Er ist also reine Selbstbestimmung, die sich als solche bestimmt, reine Selbstvermittlung, absolute Einheit von Unmittelbarkeit (Sein) und Vermittlung (Wesen). Der Begriff bezieht sich nicht auf Größen, die unabhängig von ihm ein Bestehen hätten und nachträglich vom Begriff ihrer Bestimmtheit zugeführt würden. Es gibt ausschließlich und allein die Vermittlungseinheit, die der Begriff ist. Er ist das All-Eine.

Freilich gilt der Begriff nach landläufiger Vorstellung (die eben nur eine Vorstellung und nicht der Begriff des Begriffs ist) als ›nur formal‹, ›leere Hülse‹, ›bloß allgemein‹, ›gleichgültiger Behälter‹, ›abstrakt‹ usw. Seine Bestimmtheit wachse ihm durch äußere Differenzen (differentia specifica) zu, sodass er allenfalls das Gemeinsame dieser Differenzen enthalte (abstrakt Allgemeines). Die Realität, immerhin als Maßstab seiner Geltung gedacht, stehe dem Begriff fremd gegenüber. In Wahrheit verhält es sich jedoch so, dass die Realität dem Begriff eigen ist. Die Allgemeinheit und Formalität des Begriffs schließen die Besonderheit und Einzelheit nicht aus – sondern ein. Sie werden nicht als ein Äußerliches vom Begriff aufgenommen, sondern *der Begriff gibt sich selbst seine Realität,* d.h. zum Begriff gehört seine Realisierung. Indem der Begriff sich in seinen Begriffsbestimmungen bestimmt, schafft er sich seine eigene Realität: er realisiert sich als Einheit von Ansichsein und Gesetztsein. Sein, welches auch immer, ist im Begriff aufgehoben, Sein jenseits des Begriffs schlechterdings eine Chimäre.

Der Begriff – und damit zugleich dasjenige, was Begriffe, wovon auch immer, als Begriffe qualifiziert – ist nicht eine Form, die auf ihr fremde Inhalte angewiesen ist bzw. als Form ein vom Inhalt unabhängiges Bestehen hätte. Nicht der χωριςμός drückt das wahre Verhältnis aus, sondern die Form, die der Begriff ist, ist *absolute Form:* Form, die ihren eigenen Inhalt begrifflich erzeugt und nur in dieser Erzeugung selbst ihre eigene Bestimmtheit hat, also Form ist. Entgegen der üblichen Vorstellung, der Begriff sei eine abstrakte Allgemeinheit, leere Reflexionsidentität, deren Inhalt außerhalb des Begriffs stehe, enthält der Begriff die Bestimmtheit und damit den Unterschied in sich selbst. Die Bestimmtheit des Begriffs ist absolute Bestimmtheit: Einheit von Allgemeinheit, Besonderheit und Einzelheit, Identität von Identität und Nicht-Identität.

§ 62 Gerade in seiner abstrakten oder formellen Allgemeinheit erweist der Begriff sich als inadäquat (unvollendet, defizient, unzureichend bestimmt); er realisiert sich in der Bestimmung dieser seiner Inadäquatheit als Einheit seiner selbst. So ist der Begriff Grund und Quelle aller Bestimmtheit. Er hat an ihm selbst seinen Inhalt oder Realität, fällt in seiner Realisierung also nicht wieder zurück in angeblich Vorgegebenes. Fiele er zurück in irgendwie Vorgegebenes, der Begriff wäre nicht die fundierende Einheit von Unmittelbarkeit und Reflexion bzw. des Seins und des Wesens; er bildete bloß eine Seite des Verhältnisses. Indes enthält der Begriff als solcher die Momente der Allgemeinheit (Gleichheit mit sich), Besonderheit (Bestimmtheit) und Einzelheit (als der Reflexion in sich der Allgemeinheit und Besonderheit und damit als das an und für sich Bestimmte).

Da der Begriff als selbstbezügliches Sichbestimmen die Einheit von Sein und Wesen ist, ist er nicht nur Selbstbestimmung, sondern sich bestimmend als Selbstbestimmung. Die Bestimmungstätigkeit vollzieht sich nicht an Anderem, sondern an ihm selbst. Vollzieht die Bestimmung des Denkens sich überhaupt in der Weise reflexiver Konstitutivität, im Begriff wird diese reflexive Konstitutivität als solche thematisch. Der Begriff setzt sich selbst als das, was er ist, und bleibt darin gänzlich bei sich. Insofern ist die Setzung einer neuen Bestimmtheit des Begriffs dessen Konkretion, Selbstanreicherung, Selbstentfaltung, Selbstauslegung, absolute Negativität. Das Selbstverhältnis, das der Begriff ist, ist sich auf sich beziehende Bestimmung, Bestimmung, die sich selbst vermittelt. Im Begriff bestimmt sich also die reflexive Konstitutivität, die sich im Sein und Wesen nur vollzog. *Die Bestimmungen des Begriffs sind die Bestimmungen der Formen seiner eigenen Realisierung.*

§ 63 Indem der Begriff sich selbst setzt, als das, was er ist, und in dieser Selbstsetzung und damit in seinen Unterscheidungen gänzlich bei sich ist und bleibt, absolute Selbstbestimmung ist, ist er das *ursprünglich Freie.* Wie Hegel sagt, ist mit dem Begriff das Reich der Freiheit eröffnet. Freiheit in ihrer ursprünglichen Bestimmtheit ist somit nicht etwa politische Freiheit, Willensfreiheit, Selbstbestimmung eines praktischen Subjekts, das Ich, (Selbst-)Bewusstsein, die wertbezogene Tätigkeit eines sich selbst gestaltenden Subjekts u. dgl. Der Begriff, der Eine Begriff, ist die ausgezeichnete und fundamentale Form der Freiheit, des Bei-sich-Seins-im-Anderen, weil das Andere dem Begriff kein Fremdes, sondern das Andere seiner selbst ist. Der Begriff ist ein reines Selbstverhältnis: er setzt sich selbst, bestimmt sich nur nach seiner eigenen Bestimmung, ist das sich nur auf sich selbst beziehende Freie.

Die als Begriff konzipierte Freiheit ist zwar nach wie vor spontane Tätigkeit, jedoch nicht mehr unmittelbar durch Bestimmungen kausaler Verhältnisse wie Notwendigkeit, Zufälligkeit, Gesetz, Ursache, Wirkung charakterisiert. Vielmehr bildet die Struktur des Begriffs selbst das Charakteristikum der Freiheit: Allgemeines, Besonderes, Einzelnes. Das Freie, das der Begriff ist, bleibt als Allgemeines, Besonderes und Einzelnes in seiner Tätigkeit durchgängig bei sich und ist zugleich als in sich differenzierte Einheit im anderen seiner Momente. Solches Beisichselbstsein, sich von sich aus, also ›spontan‹, zu sich Bestimmen, ist wahrhafte Selbstbestimmung. Diese Selbstbestimmung ist Vermittlung seiner Momente des Freien miteinander und sich selbst, wahrhafte Selbstvermittlung also, und insofern immer noch Vermittlung unter eigenem (begrifflichem) Gesetz, ›Autonomie‹. Entsprechend ist das Allgemeine nicht einfach ein wie auch immer gegebenes Gesetz (Autonomie, Heteronomie), welches das Einzelne zu befolgen bemüht ist, sondern durchgängige Selbstbestimmung des Allgemeinen zum Einzelnen. Das Einzelne wiederum ist nicht einfachhin dem Allgemeinen unterworfen, sondern bestimmt sich innerhalb des Allgemeinen zum Allgemeinen. Solche Freiheit spontaner Selbstbestimmung und vollständiger Selbstvermittlung als die Tätigkeitsweise des Begriffs und der ihm eigenen Notwendigkeit ist ursprüngliche Freiheit. Als ursprüngliche Freiheit ist diese zugleich grundlegend für jedwede Spezifikation von Freiheit (namentlich für geistige Freiheit). Freiheit ist also – die absolute Negativität des Begriffs als Identität mit sich. Sie erhält sich in allem Fortgang des Denkens, sowohl innerhalb der logischen Entwicklung des Begriffs als auch im Fortgang des Denkens im Element des Begriffs zum Denken im Element des sog. Realen bzw. zu den Elementen des Realen (Natur, Geist).

§ 64 Das Denken bestimmt sich im Element des Denkens als Begriff. Damit bestimmt es sich als selbstbezügliches Bestimmen. Zunächst bestimmt es sich als Inbegriff der logischen Formen des Begriffs in seiner Tätigkeit begreifenden Denkens, d. i. es bestimmt die Bestimmtheit des Begriffs in seiner *Subjektivität* (Begriff, Urteil, Schluss). Sodann bestimmt das Denken sich als Inbegriff der Formen des durch sein Begreifen zustande gebrachten Begriffenen, d.i. es bestimmt die Bestimmtheit des Begriffs in seiner *Objektivität* (Mechanismus, Chemismus, Teleologie). Schließlich bestimmt es sich als Inbegriff der Formen der diese beiden Dimensionen des Begriffs fundierenden Einheit, d.i. der Begriff bestimmt sich als *Idee* (Leben, Erkennen, absolute Idee) und damit als mit sich in seiner Objektivität zur Übereinstimmung gekommener Begriff – das Denken bestimmt sich als Subjekt-Objekt-Einheit.

Die Formen des Begriffs als subjektiver (formeller) Begriff, objektiver (reeller) Begriff und adäquater Begriff (Idee) bestimmen in reflexiv-konstitutiver Weise das Denken als absolute Selbstbestimmung. Sie sind also Selbstbestimmungsformen. Und zwar sind sie *Selbstbestimmungsformen des Begriffs als reiner Selbstbestimmung.* Es fungiert somit kein noch zu überwindender Subjekt-Objekt-Gegensatz als Ausgangspunkt der Bestimmung, sondern eine sich als reine Selbstbestimmung explizierende Totalität oder Einheit. Die Explikation reicht von den Formen des Sichbestimmens zu dessen Ergebnis als des Selbstbestimmten sowie der bestimmten Einheit beider. Sie reicht daher vom Begriff als absoluter Selbstbestimmung in seiner unmittelbaren (Subjektivität), vermittelten (Objektivität) und selbstvermittelten (Idee) Gestalt. Subjektivität und Objektivität sind Aspekte oder Momente absoluter Selbstbestimmung, die Idee deren selbstvermittelte Form und damit der adäquate Begriff: die selbstbestimmte Subjekt-Objekt-Einheit, Einheit von Begriff und Objektivität, absolute Wahrheit.

§ 65 Zunächst ist der Begriff reines, einfaches Sichbestimmen. Als solches unmittelbares Sichbestimmen ist der Begriff das schlechthin *Allgemeine,* ist er doch zunächst zwar Totalität, jedoch noch gänzlich indifferent hinsichtlich irgendeiner Bestimmtheit. Insofern ist er als reiner Begriff der noch *unbestimmte* Begriff.

Gleichwohl ist das Allgemeine kein ›leeres‹ Allgemeines, das zwecks seiner Bestimmung auf eine ihm vorgegebene Mannigfaltigkeit angewiesen ist. Der Begriff ist vielmehr absolute Bestimmtheit und hat daher als Allgemeines seinen Inhalt an ihm selbst. Er ist Sichbestimmen. Das Besondere und Einzelne sind für ihn Bestimmungen der Selbstbestimmung. Ein Allgemeines, das nur unbestimmt ist bezüglich möglicher Erfüllungen durch Inhalte, ist ein *abstraktes* Allgemeines. Dem spekulativen (spekulativ-idealistischen) Begriff des Allgemeinen ist seine Besonderung und Vereinzelung nicht äußerlich, sondern ihm selbst zugehörig. Das Allgemeine ist ein *konkretes* Allgemeines, ein Allgemeines, das sich in reflexiv-konstitutiver Weise in seiner Bestimmtheit selbst bestimmt, d.i. seine Bestimmtheit aus sich selbst entwickelt. Ohne Voraussetzung einer konkreten Allgemeinheit ließe sich das abstrakte Allgemeine im Unterschied zum Besonderen (und Einzelnen) nicht einmal denken; es gäbe nur jeweilige Bestimmungen, kein Allgemeines und Besonderes. Das Allgemeine besondert sich selbst, ebenso wie es sich selbst vereinzelt. Es ist weder eine leere Hülse noch ein Gattungsallgemeines, unter das verschiedene Arten fielen. Als konkretes Allgemeines hat es seine Bestimmtheit nur und allein in Beziehung auf das Besondere und Einzelne. Es ist als schlechthin Allgemeines *unbestimmtes Sichbestimmen.*

§ 66 Als solches ist das Allgemeine *Selbstbesonderung und Selbstvereinzelung.* Es schließt die Momente der Besonderheit und Einzelheit in sich ein, bleibt folglich in seiner Bestimmtheit gänzlich bei sich. Es ist Gleichheit mit sich in seiner Bestimmtheit – d.i. der Besonderheit – und der reflexiv-konstitutiven Einheit von Allgemeinem und Besonderem – d.i. der Einzelheit als das an und für sich bestimmte Allgemeine. Als unbestimmtes Sichbestimmen legt das Allgemeine sich zu seiner eigenen Bestimmtheit aus.

Insofern ist das Allgemeine eine schöpferische Macht qua sich auf sich beziehende Negation: reine Selbstnegation. Damit aber ist es zugleich unendliche Einheit, absolute Identität mit sich, Identität mit sich und Vermittlung. Der Begriff als das Allgemeine bzw. das Allgemeine, das der Begriff ist, ist diese Identität als selbstbezügliche Negation, negative Identität, sich setzende, selbstbestimmende Identität, unbestimmtes Sichbestimmen.

§ 67 Ist dem so, dann ist der Begriff *absoluter Begriff.* Das Allgemeine ist kein abstrakt Allgemeines, sondern ein Sichselbstauslegendes: konkret Allgemeines. Es verweist auf nichts anderes als sich selbst, um sich zu realisieren, d.h. zu seiner Bestimmtheit zu gelangen. Der Begriff als das Allgemeine ist sich in sich (nicht gegen Anderes) reflektierende Reflexion, totale Reflexion, in sich absolute Vermittlung, rein denkerische Selbstbeziehung als solche. So ist das Allgemeine eine konkrete Allgemeinheit. Es ist konkrete Allgemeinheit durch seine negative Selbstbezüglichkeit. Dadurch stellt das Allgemeine sich im Besonderen und Einzelnen selbst dar. Es gibt sich Dasein im Element des Denkens.

§ 68 Zunächst besondert das Allgemeine sich selbst, sodass die spezifischen Differenzen sich aus ihm selbst ergeben. Als noch unbestimmtes Sichbestimmen impliziert es seine eigene Bestimmtheit und setzt sich somit selbst. Damit aber hat der Begriff als das Allgemeine *sich in sich selbst differenziert* oder *besondert.* Durch die Reflexion des Allgemeinen in sich wird das Allgemeine Besonderes: es differenziert sich in Allgemeines und Besonderes (Bestimmtheit). Indem es sich so in sich differenziert, wird es zu einem bestimmten Allgemeinen.

Das Besondere ist somit die erste Negation des Allgemeinen und macht als solche dessen in ihm selbst enthaltene *Bestimmtheit* aus. Die durch negative Selbstbezüglichkeit vollzogene Selbstauslegung des noch unbestimmten Allgemeinen zum Besonderen, dessen Selbstbesonderung also, ergibt eine bestimmte Allgemeinheit. Diese Bestimmtheit des Allgemeinen gehört ihm intrinsisch zu. Das Allgemeine vermittelt sich selbst zum Besonderen: das Besondere ist ein selbstvermitteltes Besonderes. In ihm ist das Allgemeine im Verhältnis zu sich selbst gesetzt. Allgemeines und Besonders machen ein durch das Allgemeine gesetztes Selbstverhältnis aus.

Somit ist es keine blinde Macht der Notwendigkeit, sondern die eigene Bestimmtheit des Allgemeinen als absoluter Vermittlung in sich und Negativität, die es zum Besonderen als Besonderung seiner selbst führt. Der allgemeine Begriff bezieht sich negativ auf sich und vermittelt sich so mit sich. Das Besondere ist Moment der Entwicklung des Allgemeinen, kein dem Allgemeinen Fremdes. Die mit sich identische einfache Bestimmtheit des Allgemeinen besondert sich durch die freie Entfaltung seiner absoluten Selbstbezüglichkeit zu einem Verhältnis von Allgemeinem und Besonderem: die Bestimmtheit des Allgemeinen ist durch es selbst gesetzte Bestimmtheit.

§ 69 Damit ist der vereinzelte Begriff oder die *Einzelheit* (das Einzelne) schon erreicht. Die Einzelheit ist die Einheit von Allgemeinem und Besonderem, von Sichbestimmen und der Bestimmtheit des Sichbestimmens, also die übergreifende oder fundierende Einheit beider. In der Einzelheit ist der Zusammenhang von Allgemeinem und Besonderem gesetzt: die *Einheit ist als Ergebnis der Selbstauslegung bestimmt.*

Somit ist die Einzelheit die Reflexion des Begriffs aus seiner Bestimmtheit in sich selbst, das bestimmte Allgemeine als sich auf sich beziehende Bestimmtheit, die sich in ihrer Besonderheit mit sich zusammenschließende Allgemeinheit. Die Einzelheit ist damit der für sich gewordene Begriff. Indem das Allgemeine sich durch seine Negation zum Besonderen vermittelt, ist es durch die Negation ebendieser Negation in der Einzelheit wieder zu sich zurückgekehrt. Das Einzelne ist diese selbstbezügliche Einheit des Allgemeinen in seiner Besonderheit. Als Einheit ist es das bestimmte Bestimmte, die bestimmte Allgemeinheit, der nunmehr *als Totalität gesetzte Begriff.*

Die Einheit, die die Einzelheit ist, ist daher nichts als die mit sich zusammengewachsene Identität der einfachen Bestimmtheit, die das Allgemeine ist. Sie ist diese Identität weder bloß als einfache (Allgemeinheit) noch als gesetzte (Besonderheit), sondern als konkrete (Einzelheit). Indem die Einzelheit das Ergebnis einer totalen Reflexion, einer rein reflexiven Vermittlung ist, ist auch sie kein dem Begriff irgendwie vorgegebenes und womöglich begrifflich unerreichbares Singuläres: kein dem Begriff sich entziehendes factum brutum, kein durch Impressionen oder Einzelvorstellungen Vermitteltes. Das Einzelne ist vielmehr die singuläre reflexive Einheit von Allgemeinem und Besonderem: selbstbezügliche Einheit einer Mannigfaltigkeit.

§ 70 Was im Allgemeinen enthalten und im Besonderen gesetzt, ist im Einzelnen erkannt. Jedes Moment ist in bestimmter Hinsicht der ganze Begriff. Form und Inhalt fallen nicht mehr auseinander (abstrakte Allgemeinheit), sondern zusammen. Zugleich führt das Einzelne als die konkrete Einheit des Begriffs über sich und damit über den Begriff als konkrete Einheit hinaus. Das Einzelne führt in gewisser Weise zum Verlust des Begriffs. Es führt zum Verlust des Begriffs, weil der Begriff bislang als Sichbestimmen, d. i. als subjektiver Begriff thematisch war, während mit dem Einzelnen das

Ergebnis dieses Sichbestimmens in den Vordergrund rückt: die erreichte Einheit und damit – *der objektive Begriff, das Objekt.*

§71 Somit verschiebt der Fokus sich vom Begriff in seinem inneren Vollzug, seiner inneren Tätigkeit, seines Leistens, zum Begriff als Ergebnis dieser Tätigkeit, zum Gehalt, Gedanken, Geleisteten: vom Begriff in seiner *noetischen* Dimension zum Begriff in seiner *noematischen* Dimension. Weder in der einen noch in der anderen Dimension ist der Begriff, der sich ohnehin als die Wahrheit der Substanz ergab, als eine seiende Bestimmtheit thematisch. Der Begriff reflektiert sich selbst, bezieht sich nicht mehr auf Anderes, sondern ist reine Selbstbeziehung.

So jedenfalls hat der Begriff sich in der Entwicklung der Substanz als Grundlage aller seienden Bestimmtheit erwiesen: alles, was ist, ist vom Begriff Gesetztes. Die Bestimmtheit des Begriffs selbst bestimmt sich entsprechend nicht als seiende, bloß gemäß den Begriffsmomenten geformte Bestimmtheit und damit als begriffsloser Begriff, sondern als selbstbezügliche Negation, als *totale Reflexion.* Der allgemeine Begriff entwickelt sich selbst zum besonderen und vereinzelten Begriff. Er führt daher nicht zu irgendeiner seienden Bestimmtheit (weder dadurch, dass er in eine solche übergeht, noch als Reflexion), sondern bleibt gänzlich bei und in sich: er manifestiert nichts als sich selbst. Die Vermittlung des Begriffs, dessen negative Selbstbezüglichkeit, ist sich selbst thematisch; das begreifende Denken begreift sich als begreifendes. Anders als das substanzlogisch gedachte Absolute ist der Begriff als Identität nicht mehr auf einen Unterschied außerhalb seiner selbst angewiesen. Er ist absoluter Begriff.

Ebendeshalb verliert der Begriff sich als subjektiver Begriff (freilich nicht als Begriff überhaupt). In der Einzelheit ist er die konkrete Einheit von Allgemeinheit und Besonderheit. Als Einzelheit kehrt der Begriff zwar in sich zurück, ist nunmehr jedoch als Resultat seiner eigenen Entwicklung, als gesetzte Einheit. Seine Bestimmungen sind in ihm insofern nicht mehr als Momente, als der Begriff das Entwickelte, Selbstbestimmte, Begriffene, Geleistete seines Leistens ist. *Der Begriff ist zum Objekt des Subjekts geworden, das er selbst ist.* So tritt er ins Äußere seiner selbst. Er wird sich äußerlich in seinem eigenen Element, dem Element des reinen Denkens. Indem der Begriff sich äußerlich wird, gibt er sich als Begriff in dieser seiner Äußerlichkeit Dasein – *Objektivität.*

§ 72 *Objektivität ist Sein als aus dem Begriff hervorgegangen.* Der Begriff hat sich dergestalt realisiert, dass er zur Objektivität geworden ist. In dieser Realisierung des Begriffs ist das Allgemeine die eine in sich zurückgegangene Totalität, deren Momente ebenso diese Totalität sind und sich selbst zu einer unmittelbaren Einheit vermittelt oder ausgelegt hat, welche das Objekt (Objektivität) ist. Aus der Allgemeinheit des Begriffs geht also das Objekt oder die Objektivität hervor. Was macht die Bestimmtheit des Objekts als aus dem Begriff hervorgegangenen Seins aus? Wie stellt der Begriff sich in der Objektivität dar?

Jedenfalls stellt er sich nicht so dar, dass Objektivität sich unmittelbar durch irgendwelche Seins- oder Wesensbestimmungen qualifiziert. Objektivität ist also nicht als ein sinnlich Seiendes konzipiert, überhaupt nicht als bloßes Sein, Erscheinung, Wirklichkeit u. dgl. Als aus dem Begriff hervorgegangenes Sein ist das Objekt ebenfalls nicht gedacht als Gegenstand eines Bewusstseins und damit im Kontext des landläufigen Subjekt-Objekt-Dualismus, ist dieser doch kein Verhältnis des Begriffs, geschweige denn ein Selbstverhältnis des Begriffs; er ist vielmehr ein Verhältnis von ursprünglich Getrennten, das daher den Ursprung ebendieser Trennung als das perennierende Andere seiner selbst immer nur als uneinholbare Voraussetzung mit sich schleppt und daher vergeblich eine Brücke zwischen beiden zu bauen versucht.

Indes ist Objektivität, das Objekt, konzipiert als Realisierung des sich bestimmenden Begriffs. Insofern ist der Subjekt-Objekt-Dualismus das souveräne Werk des Begriffs selbst. Zu seiner Realisierung bedarf der Begriff keines äußeren Stoffes oder Vorgegebenes: es setzt sich selbst in seiner Objektivität.

§ 73 Zunächst ist das Objekt der in sich zurückgegangene und darin seine Vermittlungsbewegung qua Sich-Bestimmen zu einer neuen Unmittelbarkeit aufhebende Begriff: das Objekt ist der aufgehobene Begriff. Diese neue Unmittelbarkeit ist nicht die des Seins oder des Wesens, sondern die einer Einheit, die durchgängige Selbstvermittlung, durchgängiges Sichbestimmen ist. Insofern ist mit dem Übergang des Begriffs in das Objekt als das Produkt, Ergebnis oder Geleistete seines Sich-Bestimmens der Begriff in seiner eigentlichen Form geradezu verschwunden. Er ist versenkt in der *unmittelbaren* Gestalt der Objektivität. Folglich muss er sich im Zuge einer reflexiv-konstitutiven Selbstbestimmung der Objektivität wieder aus dieser zurückgewinnen, wenn anders der Begriff das Freie und mit dem Begriff das Reich der Freiheit eröffnet sein soll. Dann ist nämlich auch die Objektivität ein Beisichsein im Anderen seiner selbst des Begriffs.

Zwar enthält die Objektivität zu Beginn ihrer Entwicklung die Subjektivität des Begriffs qua Sichbestimmen nur in einer Minimalform; gleichwohl ist sie als das, was sie ist, Realisierungsinstanz des Begriffs: *in der Objektivität stellt der Begriff sich dar.* Objektivität ist selbstbestimmtes Bestimmtsein des Begriffs. Objektivität ist der Subjektivität also nicht fremd und äußerlich, sondern geradezu von der Subjektivität als des sich bestimmenden Begriffs durchdrungen. Genauer wäre es sogar zu sagen: wie die Subjektivität ist auch die Objektivität vom Begriff als reines Sichbestimmen durchdrungen. Beide sind Dimensionen des Einen sich bestimmenden Begriffs, des Begriffs in seiner noetischen (subjektiven, leistenden) und noematischen (objektiven, geleisteten) Dimension.

§ 74 Achtet man auf die Struktur des aufgehobenen Sichbestimmens des Begriffs, das die Objektivität oder das Objekt ist, und steht deren Entwicklung unter der Ägide des Wiederhervortretens der in der Objektivität wirksamen, jedoch zunächst in den Hintergrund gedrängten Subjektivität und damit der Freiheit, die durchgehende Selbstbestimmung ist, dann wird die Form der Entwicklung der Bestimmtheit der Objektivität sichtbar: die des mit sich in seiner Objektivität in Übereinstimmung kommenden Begriffs. Diese Übereinstimmung aber ist die Subjekt-Objekt-Einheit – und damit die Wahrheit, der adäquate Begriff (d.i. die Idee). Sie erfordert es, den freiheitlichen Charakter, die *Selbstbestimmungskompetenz der Objektivität*, hervorzukehren. Der Bestimmtheitszuwachs des Objekts besteht also nicht bloß darin, dass im Laufe der Entwicklung seine begriffliche Komplexität zunimmt, sondern vielmehr in dessen *Subjektivität:* die innere Ordnung des Objekts ist Freiheitsordnung. Es wird diejenige Freiheit explizit gemacht, die der Objektivität als noematischer Dimension des Begriffs von Anfang an innewohnt.

Näherhin ergeben sich aus dem Sichbestimmen des Begriffs in seiner Objektivität verschiedene Objekttypen, Daseinsgestalten des Begriffs, die Ausdruck des erkannten Subjektivitätscharakters der Objektivität sind. In ihrer meist allgemeinen Form (also unter Absehung von Unterformen) handelt es sich um Objektivität entweder als mechanisches oder als teleologisches Verhältnis und damit um das mechanische oder das teleologische Objekt, wobei Letzteres Ersteres freilich in sich aufnimmt und transformiert. Die Qualifikation ›Mechanismus – Teleologie‹ betrifft hier selbstverständlich keine Auszeichnung empirischer Verhältnisse; sie betrifft *logische Strukturformen, die die Bedeutung von Objektivität kennzeichnen* (und empirische Objekte allererst als solche bestimmbar machen).

§ 75 In ihrer *unmittelbaren* Form ist Objektivität gedacht als maximal subjektivitätslos und damit als maximal unfreies Dasein des Begriffs. Sie ist nicht durch subjektive Zwecke irgendwelcher Art bestimmte Objektivität. Gleichwohl ist auch das zweckfreie, bloß mechanische Objekt als das, was es ist, eine durch den Begriff bestimmte Totalität; der sich zur Objektivität bestimmende Begriff gibt sich in seiner Objektivität Dasein. Ist Objektivität strukturlogisch bloß als mechanische konzipiert, dann wird der in ihr von Anfang an wirksamen Subjektivität, und damit ihrer zweckmäßigen, zweckbestimmten Verfasstheit, keine Rechnung getragen. Folglich ist der Begriff in einer mechanisch gedachten Objektivität (noch) nicht in seiner Objektivität mit sich als Subjektivität in Übereinstimmung gekommen. Objektivität als Mechanismus verfehlt den Begriff als das Freie.

Entsprechend sind in einer Objektivität konzipiert als Mechanismus die Verhältnisse zwischen Objekten kein Ausdruck der *Selbstbestimmung* des Objekts. Sie sind vielmehr äußerlicher Art: die Bestimmtheit einer mechanischen Objektivität ist eine *äußerlich gesetzte Objektivität*, so oder so ein bloß Zusammengesetztes (Aggregat). Da das Verhältnis zu Anderem nicht durch Zwecke bestimmt ist, bleibt die Einheit Unterschiedener sich fremd: deren Zusammenhang ist nicht bestimmend für die Bestimmtheit mechanischer Objektivität. Brächte man diesen Zusammenhang in der Weise (der logischen Struktur) eines chemischen Objekts und damit als *vermittelte* Form von Objektivität ein, sodass das Objekt *in seiner Beziehung auf Anderes konzipiert* und die die mechanische Objektivität dominierende Selbstständigkeit des Objekts aufgehoben würde, dann wäre die Beziehung immer noch nicht aus dem Begriff als Zweck gefasst. Sie bliebe somit der zwecklosen Objektbestimmtheit des Mechanismus verhaftet.

§ 76 In seiner Wirksamkeit durchsichtig wird der Begriff sich nur, wenn die *Zweckbestimmtheit* der Objektivität in Rechnung gestellt wird. Der Zweck ist nämlich der Begriff als von sich aus auf die Objektivität bezogen gesetzt, verbunden mit der Aufgabe, seine bloße Subjektivität dadurch zu überwinden, dass er sich, und damit den Zweck, in der Objektivität realisiert. So betrachtet ist der Zweck der an der Objektivität zu sich selbst gekommene Begriff.

In einer *teleologisch konzipierten Objektivität* kommt ihre Zweckbestimmtheit zur Geltung. Als *selbstvermittelte* Form von Objektivität bildet die teleologische die konkrete Einheit des mechanischen und chemischen Objekts, der unmittelbaren und der vermittelten Objektivität, allgemein gesprochen: die Wahrheit mechanischer Objektivität. Der Zweck ist ein Allgemeines, das durch seine Realisierung nicht in ein Anderes übergeht, sondern *bei sich bleibt.* Er hat an der Äußerlichkeit sein eigenes Moment. Insofern ist Zweck mitnichten ein bloßes Streben und Sollen, keine unendliche Aufgabe; denn die Objektivität ist als das, was sie ist, zweckbestimmt. Als solcher genommen ist der Zweck einfach der frei für sich existierende Begriff, sich selbst bestimmende Tätigkeit.

§ 77 In ihrer, logisch gesehen, primitivsten Form ist eine solche zweckmäßige Existenz nur *äußere* Zweckmäßigkeit: Einerseits ist sie eine Einheit von Subjektivität und Objektivität, sodass Objektivität nicht als bloße Realität gedacht ist, sondern als Mittel für die Realisierung von Zwecken. Andererseits ist der Zweck äußerer Zweckmäßigkeit ein zufälliger, ein äußerer eben: das Objekt wird einem ihm äußeren Zweck unterworfen. Gilt Objektivität aber generell als Instanz der Darstellung, der Realisierung des Begriffs, dann ist Objektivität bestimmt als äußere Zweckmäßigkeit der Freiheit des Begriffs noch unangemessen: als äußere Teleologie ist der Begriff nicht adäquat in der Objektivität realisiert. Dazu müsste der Zweck als ein innerer gedacht werden: *innere* Teleologie.

Im Falle *innerer* Zweckmäßigkeit sind die Glieder des zweckmäßigen Ganzen Mittel und Zweck zugleich. Insofern handelt es sich bei der Objektivität, die innere Teleologie ist, um eine *organische Totalität*. Anders als bei der äußeren Zweckmäßigkeit fallen Zweck und Mittel zusammen. Der Zweck ist also dem durch innere Zweckmäßigkeit bestimmten Objekt eigen: das Objekt ist Zweck und Mittel seiner selbst. Deshalb ist ein solches Objekt die wahrhafte Objektivierung des Begriffs. Das vom Zweck hervorgebrachte objektive Dasein – ist der Zweck selbst. Objektivität, die Objektivität des Begriffs und damit Einheit von Subjektivität und Objektivität ist, ist die Objektivität innerer Zweckmäßigkeit.

§ 78 Subjektivität ist nicht nur als zwecksetzend ausgewiesen bzw. Objektivität als solche nicht bloß aus der Subjektivität hervorgegangenes Sein, sondern die Subjektivität ist auch mit sich in ihrer Objektivität in Übereinstimmung gekommen. Über die Bestimmtheit hinaus, dass Objektivität überhaupt zweckbestimmtes Sein (ausgeführter Zweck) ist, ist sie selbst in seiner Freiheit oder Zweckbestimmtheit realisiertes Sein: der Begriff als freie Existenz, Übereinstimmung des Begriffs mit sich in seiner Objektivität (Wahrheit). Dergestalt ist der Begriff von der anfänglich mechanisch bestimmten Objektivität zur teleologisch bestimmten Objektivität gelangt. Diese erweist sich schließlich als eine innere Teleologie, die reine Selbstbestimmung ist.

Was heißt dies für die Bestimmtheit der Objektivität? Objektivität ist nicht einfachhin als Instanz der Zweckrealisierung reiner Selbstbestimmung vorausgesetzt, keineswegs nur Mittel für Zweckrealisierung (obzwar schon mechanische Objektivität in den Rang der (äußeren) Zweckbestimmtheit erhoben und das bloß äußerliche Verhältnis von Zweck und Objektivität überwunden wird). Reine Selbstbestimmung ist in der Objektivität bei sich selbst, sodass Objektivität zur Einheit von Subjektivität bzw. Zweck und Objektivität wird. Jedwede Selbstständigkeit von Zweck und Objektivität (als Mittel zur Ausführung des Zwecks) ist aufgehoben.

Der realisierte Zweck, das Produkt, das Objekt, ist daher nicht wiederum bloß ein Mittel für weitere Zweckrealisierung (ad infinitum). So wäre es nur als ein Äußerliches bestimmt. *Das Objekt ist vielmehr der realisierte Zweck,* der Zweck das realisierte Produkt, die gesetzte Einheit von Subjektivität und Objektivität: was der Zweck hervorbringt, ist der Zweck selbst, nicht ein zweckmäßiges Mittel in der Objektivität. Wäre es nur ein solches, das Produkt wäre wiederum nur ein Mittel und eben nicht der ausgeführte Zweck, nicht die Objektivität des Zwecks. Genau genommen käme es nicht einmal zu einem Mittel, da dieses selbst schon Ausführung des Zwecks sein musste. Der bloß subjektive Zweck setzt den Zweck als objektiven immer schon voraus.

Indes bringt der Zweck die Objektivität des Zwecks selbst hervor. Deshalb ist das Objekt nicht durch einen in seinem Mittel tätigen, aber ihm äußerlichen Zweck bestimmt, sondern das Objekt ist durch sich selbst zur Einheit des Begriffs zusammengegangen. Als ausgeführter Zweck ist die Objektivität die Subjektivität, die Subjektivität identisch mit der Objektivität in einer Weise, dass der Zweck dem Produkt überhaupt kein äußerlicher, keine äußerliche subjektive Bestimmung ist; er ist ein wahrhaft objektiver Zweck: innere Teleologie. In der inneren Teleologie ist *Objektivität manifestierte Subjektivität* und Subjektivität über das bloße Sichbestimmen hinaus sich selbst im Bestimmten: der ausgeführte Zweck, der sie selbst ist.

§ 79 Die Zweckmäßigkeit der Objektivität ist eine innere und keine äußere: der Begriff in seiner eigenen Äußerlichkeit (Objektivität) ist sich selbst Zweck. Somit ist er Selbstzweck. Ist er Selbstzweck, dann ist Objektivität *selbstvermittelte Objektivität.* Der Begriff des Zwecks und seiner Realisierung selbst hebt jedwede Selbstständigkeit und Äußerlichkeit von Subjektivität und Objektivität auf. Zweckrealisierung ist Identitätssetzung von Subjektivität und Objektivität, Aufhebung ihrer Gegensätzlichkeit. Die an sich seiende Einheit beider, die der Begriff ist, ist für sich geworden. Ein solches Selbstverhältnis der Zweckmäßigkeit, in der Subjektivität und Objektivität zur realisierten Einheit oder Übereinstimmung gelangt sind, ist – die *Idee.*

§ 80 Generell ist die Idee die Einheit von Subjektivität und Objektivität und damit von Begriff und Realität. Subjekt und Objekt sind

Momente begreifenden Denkens, keine Größen, die eine davon losgelöste Bestimmtheit hätten. Indem die Idee Subjekt-Objekt-Einheit ist, ist sie der adäquate Begriff. Als adäquater Begriff ist die Idee das Wahre als solches, die Wahrheit.

Somit ist die Idee nicht gedacht als mentale Vorstellung eines wollenden oder erkennenden (konkreten) Subjekts. Sie ist keine Idee von irgendetwas. Sie ist es auch nicht als eine notwendige Aufgabe, auf die das Subjekt zwar ausgerichtet ist, die es jedoch nie vollständig zu erfüllen vermag; denn etwas ist nur und ist nur, was es ist, insofern es die Idee in sich hat und ausdrückt. Die Idee ist also nichts bloß Subjektives – sie ist *Subjekt-Objekt-Einheit*, Totalität des subjektiven Begriffs und der Objektivität: nicht der inadäquate, sondern der adäquate Begriff. Deshalb ist die Idee das *wahrhafte Sein*. Der Begriff, der sich in seine Objektivität versenkt hatte und durch sie hindurch seine Subjektivität wieder erlangte, ist damit zur Idee geworden.

§ 81 Wie ist das Verhältnis von Subjektivität und Objektivität innerhalb der Idee zu denken: wie ist der adäquate Begriff in sich strukturiert? Das Verhältnis ist so zu denken, dass die Idee sich als die sich selbst *im Begriff wissende* Einheit von Subjektivität und Objektivität erweist. In diesem Fall nämlich wäre die Idee *absolute* Idee.

Freilich vollzieht sich auch dieser Nachweis und damit die Bestimmtheit der Idee im Zuge eines reflexiv-konstitutiven Bestimmungsprozesses. Es ergeben sich unterschiedliche *Stufen des Sichwissens der Idee*. Sie entsprechen unterschiedlichen Ideen, die jeweils eine Spezifikation der Idee als Subjekt-Objekt-Einheit ausmachen. Dieses Fürsichwerden des Begriffs als der Idee vollzieht sich in einem Prozess, der reicht von der Idee in ihrer unmittelbaren Bestimmtheit – d. i. der Idee als Idee des Lebens –, ihrer vermittelten Form – d. i. der Idee als Idee des Erkennens – und schließlich in ihrer selbstvermittelten Form – d. i. der Idee als absoluter Idee. Die Idee ist somit alles andere als eine in sich ruhende Einheit. Sie ist Subjektivität oder Vernunft nicht in einem einseitigen, sondern in einem übergreifenden Sinne: Denken als Prinzip aller und jedweder Objektivität.

§ 82 Zunächst stellt sich die Idee als unmittelbare Gestalt der Subjekt-Objekt-Einheit dar. Man mag diese unmittelbare Einheit von Begriff und Realität als *Leben,* und zwar: als den logischen Begriff des Lebens, bezeichnen. Als logischer (und nicht empirischer) Begriff begreift er das Leben als Leben. Objektivität hatte sich ja generell als realisierter Zweck erwiesen, näherhin als innere Zweckmäßigkeit und damit logisch als ein organisches Ganzes, als (logischer) Organismus: in einem Organismus sind alle Glieder sich zugleich Mittel und Zweck. Das Leben ist logisch der Begriff, der einfach in sich seine Objektivität durchdringt, als Selbstzweck an ihr sein Mittel hat, sie als solche setzt und darin der realisierte mit sich identische Zweck ist.

So ist die Idee unmittelbare Idee. Als unmittelbare Idee ist das Leben freilich keine adäquate oder vollkommene Einheit von Begriff und Realität, immerhin geht dem Leben als Leben das Sichwissen als jene Einheit ab. Als Leben ist die Idee *unmittelbares* Ineins von Subjektivität und Objektivität. Diese ihre Unmittelbarkeit führt sie jedoch über sich hinaus. Denn sie ist eine Identität, die aufgrund der Freiheit, die der Begriff ist, den Gegensatz von Subjektivität und Objektivität zwar in sich hat, als Idee des Lebens, Idee in der Form des Lebens, jedoch noch nicht zum Begriff befreit ist. Dazu muss sie sich als Subjekt-Objekt-Einheit *zu sich selbst verhalten.* Der Begriff ist dann nicht nur in der Objektivität tätig und die objektive Realität dem Begriff nicht bloß angemessen, sondern der Begriff ist in ihr für sich geworden: er existiert für sich als Begriff.

§ 83 Als in ihrer Realität zum Begriff befreite wird die Idee zur Idee des *Erkennens:* zur Idee, die sich zu sich als Idee verhält. Der Begriff, der in der unmittelbaren Idee als Allgemeines das Innere ist, macht das Äußere zur Allgemeinheit, d. h. er setzt seine Objektivität als mit sich gleich. Die Bestimmtheit der Idee ist daher nicht mehr, wie in der Idee des Lebens, in der Form der Unmittelbarkeit. Indem die Idee sich selbst thematisiert, der sich selbst zum Gegenstand habende Begriff ist, existiert der Begriff für sich als Begriff. Zwar ist die Objektivität nunmehr als der Begriff; in der Idee des Erkennens ist sie es allerdings in unvollkommener Weise.

§ 84 Die Idee verhält sich zu sich selbst als Idee. Deshalb überwindet sie den Gegensatz von Subjektivität und Objektivität, den sie in sich hat. Das Erkennen, die Idee als Erkennen, ist diese Überwindung. Wie in der Idee des Lebens kommt auch in der Idee des Erkennens der Begriff in einer spezifischen Weise in seiner Objektivität mit sich in Übereinstimmung. Als Idee des Erkennens geht das Denken oder die Vernunft an das zu Erkennende in der Absicht, die Identität von Subjektivität und Objektivität zu setzen. Erkennen ist *Identitätssetzung von Subjektivität und Objektivität.* Deshalb wird im Erkennen in Einer Tätigkeit der Gegensatz, d. i. die Einseitigkeit von Subjektivität und Objektivität, aufgehoben.

Dieses Aufheben zerfällt in zwei verschiedene Richtungen und vollzieht sich so in einer gedoppelten Weise: Die eine Richtung des Erkennens ist der Trieb des *Wissens* nach Wahrheit: die *theoretische* Tätigkeit der Idee. Die theoretische Tätigkeit der Idee hebt die Einseitigkeit der Subjektivität der Idee dadurch auf, dass sie das Seiende als die wahrhaft geltende Objektivität in sich aufnimmt, d. i. in die subjektive Tätigkeit des Erkennens. Die andere Richtung des Erkennens ist der Trieb des Guten, sich selbst zu vollbringen: das *Wollen,* die *praktische* Tätigkeit der Idee. Die praktische Tätigkeit der Idee hebt die Einseitigkeit des Seienden, das ihr bloß als Schein und nichtige Gestalt gilt, dadurch auf, dass sie es durch das Innere des Subjektiven, das ihr als das wahrhaft seiende Objektive gilt, bestimmt: das Subjektive wird in das Objektive eingebildet.

Ebendeshalb reicht weder der theoretische noch der praktische Erkenntnisprozess aus, um die Wirksamkeit des Begriffs zu begreifen: der Begriff kommt weder hier noch da mit sich in seiner Objektivität zur Übereinstimmung. Für die Idee als Idee des Erkennens ist nämlich charakteristisch, dass die durch den Begriff herzustellende Einheit jeweils von der subjektiven Seite aus verwirklicht wird. Insofern ist die Idee des Erkennens die Idee in ihrer *Subjektivität,* also die Subjekt-Objekt-Einheit in einer einseitig subjektiv-begrifflichen Verfassung. Die beiden Erkenntnisprozesse des Wissens und Wollens unterscheiden sich nur dahingehend, dass sie zwei gegenläufige Bewegungen bilden: In der theoretischen Idee (Idee des Wahren) nimmt das Erkennen das vorausgesetzte Seiende (von dem es seinen Inhalt empfängt) ins Subjektive auf, in der praktischen Idee (Idee des Guten) wird das Subjektive (als Zweck) in das Seiende hineingebildet.

§ 85 Ist dem so, dann lassen sich, zu Ende gedacht, die theoretische und die praktische Idee nicht mehr eindeutig voneinander abgrenzen, somit auch nicht voneinander unterscheiden und folglich nicht gegeneinander bestimmen: für sich genommen bringen sie die Bestimmtheit des Begriffs nur inadäquat zum Ausdruck. Sie sind keine einer Philosophie des Absoluten angemessenen Erkenntnisgestalten. Philosophie ist weder theoretisches noch praktisches Erkennen. Vielmehr gilt es, sie in eine Gestalt zu überführen, die der fundierenden Funktion des Begriffs gerecht wird.

a) Entgegen seiner eigenen Voraussetzung steht auch das theoretische Erkennen unter der *Leitung des Begriffs*. Dessen Bestimmungen machen den inneren Faden seines Fortgangs aus. Damit aber hat das theoretische Erkennen selbst seine Voraussetzung bzw. seinen Ausgangspunkt, d.i. die vorgefundene Gegebenheit seines Inhalts als die wahrhaft geltende Objektivität, verlassen. Seinem eigenen Erkenntnisanspruch zufolge tritt an dessen Stelle der sich auf sich beziehende Begriff.

Dieser Sachverhalt macht nicht nur deutlich, dass im Rahmen des theoretischen Erkennens Begriff und Gegenstand unzureichend aufeinander bezogen bleiben, sodass der Begriff nicht zur Einheit seiner mit sich selbst in seinem Gegenstand oder seiner Realität kommt. Mit dem Hervorkehren der Selbstbezogenheit des Begriffs gelangt die Idee vielmehr zum Nicht-Gegebenen und damit zu dem Subjekt Immanentem: die theoretische Idee geht von sich aus in die praktische Idee, in die Idee des Wollens über.

b) In der praktischen Idee als der Idee des Guten wird zwar die bloße Vorgefundenheit des Inhalts überwunden, sodass das Objektive hier in der Form der freien Einheit und Subjektivität ist. Gleichwohl ist die Verwirklichung des Guten als ein unendlicher Progress gedacht: als Sollen und damit fixiert als Aufgabe. Insofern bleibt die Idee des vollendeten Guten Absolutes mit der Bestimmtheit der Subjektivität. Auch in dieser Konzeption der Erkenntnis sind Begriff und Wirklichkeit unzureichend aufeinander bezogen (bloß äußerlich zweckmäßig). Es fehlt der praktischen Idee ebenjenes Moment der theoretischen Idee, sich bezogen zu wissen auf die vom subjektiven Setzen unabhängig vorhandene *Wirklichkeit als das wahrhaft Seiende*. Damit steht sie jedoch ihrer eigenen Realisierung im Wege. Infolgedessen fordert die praktische Idee durch sich selbst ihre Ergänzung durch die theoretische. Es bliebe sonst unverständlich, was Realisierung von Zwecken, Ausführung oder Verwirklichung des Guten (allgemein: praktische Erkenntnis) ist.

Sowohl im theoretischen als auch im praktischen Erkennen ist es die eigene Ansicht von sich, die Bestimmtheit des Erkennens selbst, die sich als mangelhafte Bestimmung des Begriffs erweist und ihn in der Dimension seiner Objektivität begrenzt. Indes ist der Begriff kein äußerliches Aufeinanderbeziehen von Subjektivem und Objektivem, sondern intrinsisches Aufeinanderbezogensein. In der theoretischen Idee wie der praktischen Idee tritt hervor, dass sich Erkennen und Wollen nicht mehr voneinander unterscheiden und daher nicht gegeneinander bestimmen lassen.

§ 86 Aus der Explikation des jeweiligen Erkenntniszwecks der Ideen des Wahren und des Guten selbst ergibt sich, dass ein Nachfolgerbegriff vonnöten ist. Dieser darf nicht mehr relativ im Sinne des Gegensatzes von Subjektivem und Objektivem sein, sondern muss als *absolut* gelten, insofern er in den relevanten Hinsichten nur durch sich und aus sich selbst bestimmt ist und sich darstellt. Für diesen Nachfolgerbegriff gilt, dass die Idee des an und für sich bestimmten Begriffs nicht mehr als nur im tätigen Subjekt gesetzt ist, sondern auch als Wirklichkeit, die im Erkennen zugleich wahrhaftseiende Objektivität und damit der Begriff als der ausgeführte Zweck ist: als objektive Welt, deren innerer Grund und wirkliches Bestehen der Begriff ist. Der so gedachte Nachfolgerbegriff ist die *absolute Idee*.

§ 87 Die absolute oder spekulative Idee ist die im reflexiv-konstitutiven Durchgang zunächst durch die theoretische (subjektive) und sodann die praktische (objektive) Idee gesetzte Einheit beider: die Wahrheit der Idee des Erkennens. Als solche hebt sie die Struktur auf, die der Idee des Erkennens eigen ist, d. i. die Verdoppelung der Idee als subjektiven und objektiven Begriff verbunden mit der vom Subjekt ausgehenden Vereinigung des Gegensatzes von Subjektivität und Objektivität. Die Wirklichkeit, auf welche die theoretischen und praktischen Erkenntnisprozesse abzielen, ist in der Bestimmtheit der absoluten Idee eine, die der *Begriff ist,* während das Subjekt eines ist, das sich als den an und für sich bestimmten *Begriff weiß.*

Deshalb liegt mit der absoluten Idee ein Erkennen vor, das keines mehr von Gegenständen theoretischer oder praktischer Vernunft ist – es ist ein Erkennen der Vernunft, des Denkens, der Idee als Subjekt-Objekt-Einheit selbst. Die absolute Idee ist geradezu der einzige Inhalt und Gegenstand der Philosophie. Insofern, als Lehre der absoluten Idee (und nicht als Lehre eines wie auch immer gearteten Seienden), ist Philosophie Philosophie des Absoluten: *spekulativer Idealismus.*

Für den spekulativen Idealismus ergibt sich die absolute Idee als die Identität der theoretischen und der praktischen Idee. Die absolute Idee ist entsprechend auch der Ausgangspunkt für *alle* weiteren, den rein logischen Gedankenbestimmungen nachgeordneten Bestimmungen der Philosophie. Philosophie ist, wenn anders sie Philosophie ist, immer Philosophie des Absoluten als der absoluten Idee (und daher, für sich genommen, weder ›theoretische‹ noch ›praktische‹ Philosophie oder ›Geschichte‹ der Philosophie). In der absoluten Idee weiß die Philosophie sich als Philosophie eben der absoluten Idee.

§ 88 Die absolute Idee ist kein Seiendes. Dem Seienden fehlt das Wissen seiner selbst als Seiendes. Die absolute Idee hingegen ist absolute Transparenz. Sie ist sich selbst als absolute Idee durchsichtig, indem sie sich als in und aus sich selbst bestimmt weiß. Sie ergibt sich daher als die spekulative *Methode,* d. h. als die eigentümliche Prozessualität, die dem reinen Denken des Denkens und damit den in diesem Denken thematischen reinen Gedankenbestimmungen eigen ist: die Erkenntnisform der absoluten Idee, in eins mit dem System dieser Gedankenbestimmungen als ihrem Inhalt. So gesehen laboriert die Philosophie nicht an Substraten der Vorstellung oder irgendwie Vorgegebenem: die absolute Idee enthält alle Bestimmtheit in sich. Sie ist das wahrhafte Absolute, die in sich vollendete Idee.

Deren Inhalt ist das System reiner Gedankenbestimmungen, während die absolute Idee als Form genommen die Methode ebendieses Inhalts ist. Die Methode ist also nicht ein dem Inhalt äußerliches Verfahren, das irgendwie auf ihn ›angewandt‹ würde und selbst seines Geltungsausweises harrte, sondern vielmehr die *(Selbst-)Bewegung des Begriffs,* das an und für sich Vernünftige im Entwicklungsgang reinen Denkens. Daher ist auch der Inhalt nicht ein der Methode oder der Form Äußerliches, sondern zusammen sind sie das umfassende Eine, das das Denken als objektives Denken ist.

Das Eine, das die Wahrheit und alle Wahrheit ist, ist die absolute Idee. Sie ist kein vorgegebener Inhalt, sondern *formende Form.* Inhalt ist so oder so Ergebnis oder Vermittlung des sich selbst erkennenden Denkens. Das Eine, aus dem alles andere ist, kann nur sein als Form qua Selbstbewegung des Inhalts: als Bewegung, die ihren eigenen Inhalt generiert und im Zuge dieser Generierung schließlich auch ihre eigene Bewegung begrifflich zu bestimmen vermag. Infolgedessen ist das Absolute in keiner Weise ein fixierter Inhalt, kein vorgegebenes Objekt, gleich ob als Seiendes, Gott, Substanz, Atom, Ich usw. – das Absolute ist Idee (nur) als absolute Idee. Als solche ist sie die reine Form des Begriffs, die sich selbst als ihren Inhalt erfasst und sich somit als das Absolute weiß: reines Entsprechen des Begriffs und seiner Realität, Wahrheit. In dieser Weise ist die absolute Idee Methode: sie ist *absolute Methode.*

§ 89 Die Bestimmtheit der absoluten Idee hat nicht die Gestalt eines Inhalts. Sie ist die Selbstbewegungsweise des Inhalts, formende Form. Was macht das Allgemeine dieser Form aus, also die Form qua Bewegung des Begriffs: die Methode nicht als äußerliche Form, sondern als Methode des Inhalts? Es ist nichts anderes als die bislang wirksame *reflexive Konstitutivität* selbst: die sich selbst bestimmende und darin realisierende allgemeine absolute Tätigkeit des Begriffs. Sie lässt sich wie folgt charakterisieren:

Ein thematischer, zu bestimmender Begriff steht zunächst in der Form der *Unmittelbarkeit* und insofern in der Form des Seins. Die *Bestimmtheitsforderung selbst des Seins,* und damit allgemein gesprochen die Bestimmtheitsforderung des Begriffs, involviert eine *Negationsbeziehung* zu seinem Gegenbegriff qua Begriff, der er nicht ist, der jedoch seine Bestimmtheit ausmacht. Das Eine inkludiert das Andere, wenn auch zunächst nur unbestimmt. Das Resultat der Inbezugsetzung beider Begriffe ist eine Einheit, die die ursprüngliche Bedeutung der Einheitsglieder nicht nur expliziert, sondern durch die Inklusion ihres Verhältnisses so modifiziert, dass deren Gegensätzlichkeit aufgehoben wird. Durch die Negation der Unmittelbarkeit und die dadurch sich ergebende *Selbstbesonderung* – also durch Negation der Negation, selbstbezügliche Negation – ergibt sich die *Einheit von Unmittelbarkeit und Vermittlung,* des Einen und des Anderen: es ergibt sich ein neuer Inhalt, ein neuer Begriff, eine neue Gedankenbestimmung des Denkens. Diese Einheit ist keine unterschiedslose, sondern eine in sich differenzierte. In ihr sind die gegensätzlichen Begriffe so vereint, dass das Andere als im Denken integriert gesetzt ist. Die erreichte Einheit ist eine Einheit der *Selbstexplikation der Voraussetzung des anfänglichen Ansichseins:* reflexive Konstitutivität.

§ 90 Ist die Einheit methodisch betrachtet reflexive Konstitutivität, dann ist der anfängliche Begriff alles andere als ›leer‹. Er ist vielmehr eine *konkrete Totalität,* die zunächst zwar im Modus des Seins und damit an sich ist, die jedoch für sich und damit gesetzt werden muss: das unbestimmte Unmittelbare erfährt seine inhaltliche Bestimmung. Dazu muss der Begriff sich ein Anderes werden: der Begriff erkennt sich im Anderen seiner selbst. Er entzweit sich aus seiner ursprünglichen Einfachheit, um als bestimmter zu seinem Ausgangspunkt zurückzukehren. Das *Ansichsein ohne Fürsichsein des Begriffs ist das Mangelhafte,* das den Bestimmungsfortgang motiviert: das Unmittelbare des Anfangs forciert an ihm selbst den Fortgang. Es forciert diesen Fortgang, weil das abstrakte Allgemeine des Anfangs als Abstraktes – selbst eine bloße Abstraktion ist. In Wahrheit oder im Begriff ist es (immer) schon gesetzt, und zwar als mit einer Negation behaftet.

§ 91 Die schlechterdings *unüberbietbare Radikalität* solchen Fortgangs spekulativen Denkens des Denkens liegt schon darin beschlossen, dass der logische Anfang des Denkens selbst sich als reine Unmittelbarkeit, als reines Sein, Gedachtes ohne weitere Bestimmung, Sein als einfachste und ärmste Gedankenbestimmung erweist: das Unmittelbare ist ein Unmittelbares des Denkens (keines der Anschauung oder Vorstellung). Es kommt immer nur darauf an, das Implizite der Unmittelbarkeit explizit zu machen.

Dies aber heißt, dass die *abstrakte Allgemeinheit, die der Anfang als Anfang ist, sich aus ihr selbst als das Andere ihrer selbst bestimmt.* Das Unmittelbare ist immer schon vermittelt, die Unbestimmtheit des Anfangs eben jene Bestimmtheit, wegen der er mangelhaft ist. Die absolute Idee ist daher nicht nur das mit sich identische Denken, sondern dies als die Tätigkeit, sich selbst, um für sich zu sein, sich gegenüber zu stellen und in diesem Anderen nur bei sich selbst zu sein – *Selbsterkenntnis durch Selbstbesonderung,* und zwar so, dass das Denken durch sich selbst sich selbst in allem findet und erkennt.

§ 92 Drei methodische Momente zeichnen diesen Erkenntnisprozess des Absoluten näher aus.

a) Das erste ist das *abstrakte* Moment. Der Anfang ist als solcher das Unmittelbare oder *abstrakte Allgemeine* und daher das Unbestimmte. Die Unbestimmtheit forciert den Fortgang: der Fortgang ist die Bestimmung des Anfangs. Durch seine Bestimmtheit zeigt der Anfang sich als Anderes: als das Andere seiner selbst. Das Unmittelbare wird als Vermitteltes genommen: als bezogen auf ein Anderes. Dadurch aber wird das Allgemeine, das Erste, zum Besonderen. Dieses Besondere ist das Zweite. Es ist das *Negative* des Ersten: das Allgemeine qua Unmittelbares ist zum Besonderen qua Vermitteltem geworden, das das Erste in sich enthält. Das Zweite besteht aus dem Einen und dem Anderen: beide sind Besondere. Der abstrakte, einfache, unmittelbare Anfang hat sich seiner eigenen Bestimmtheit zufolge also besondert. Genauer: das Zweite ist die *Bestimmtheit* des Ersten, seine Wahrheit.

b) Als solche Wahrheit ist es jedoch noch nicht gesetzt. Vielmehr ist das Zweite das Resultat der *Besonderung des abstrakten Allgemeinen* und somit das erste Negative, das Andere des Ersten. Es ist als einfache, wenn auch in sich komplexe Bestimmung vorhanden. Das Zweite ist das Vermittelte. Es ist ein Verhältnis, eine Beziehung von Besonderen, von Positivem und Negativem. Dieses Vermittelte vermittelt sich seiner eigenen Bestimmtheit oder Wahrheit zufolge weiter. Das Vermittelte ist ebenfalls das Vermittelnde; denn die Relata der Beziehung haben ihre Bestimmtheit nicht unabhängig voneinander, sondern nur in Beziehung aufeinander. Als Beziehung ist das Zweite, Vermittelte, Negative, Andere so das Andere eines Anderen: das Andere an sich selbst. Als Anderes an sich selbst schließt es sein Anderes in sich: die Bestimmungen des Zweiten enthalten ihr Entgegengesetztes in sich. Während das negative Moment des Ersten darin besteht, dass der in ihm an sich vorhandene Unterschied gesetzt wird, ist das Zweite selbst der Unterschied, das Verhältnis. Dessen negatives Moment besteht darin, die Zusammengehörigkeit oder Einheit der an sich in ihr enthalten Relationsglieder zu setzen. Dieses zweite Moment ist das *dialektische:* das Sichaufheben endlicher Bestimmungen und ihr Übergehen in ihre entgegengesetzten Bestimmungen. Das Eine bestimmt sich aus ihm selbst als das Andere seiner selbst.

c) Das dritte Moment ist das *spekulative.* Es bestimmt *die Einheit der entgegengesetzten Bestimmungen:* das Positive, das sie in ihrem Übergehen ineinander enthalten. In diesem ihrem Übergehen ist die Negativität total geworden, denn es liegt eine Beziehung des Negativen auf sich selbst vor. Diese absolute oder *selbstbezügliche Negativität* bildet, als Ergebnis genommen, eine neue Unmittelbarkeit: das Dritte zum Unmittelbaren (Ersten) und Vermittelten (Zweiten), das Negative nicht des Positiven, sondern des Negativen. Diese Negation der Negation stellt die erste Unmittelbarkeit, die abstrakte, einfache Allgemeinheit wieder her, die sich im Prozess des Sichbestimmens des Begriffs durch die entstandenen Besonderungen aufgelöst hatte. Das Dritte ist das Unmittelbare vermittelt durch Aufhebung der Vermittlung (des Negativen, des Unterschiedes). So ist das dritte Moment die Einheit des Ersten und Zweiten, des Einen und des Anderen: *der Begriff hat sich durch sein Anderssein hindurch realisiert.* Er ist nunmehr die Wahrheit, d.i. das gesetzte Allgemeine: nicht das unbestimmte, sondern das bestimmte Unmittelbare. Als Unmittelbares ist es eine Einheit, die einen neuen Anfang des Denkens insofern bildet, als die Methode selbst sich ihrer reflexiven Konstitutivität wegen zu einem *System von Gedankenbestimmungen* erweitert.

NATUR UND GEIST

§ 93 Erweitert sich die absolute Idee zu einem System, zu einem absoluten System von Gedankenbestimmungen, dann enthält sie *alle* Bestimmtheit in sich. Es gibt nichts im Himmel oder auf Erden, das nicht vom Denken durchdrungen ist. Schon ›es gibt‹ ist eine Gedankenbestimmung, und zwar eine viel speziellere als ›Sein‹.

Als alle Bestimmtheit in sich enthaltende erschöpft die absolute Idee sich nicht als logische Idee, als Idee im reinen Element des Denkens. Im Zuge ihrer Selbstbestimmung bestimmt sie sich vielmehr in drei Bestimmungshinsichten ihrer selbst: im Element des reinen Denkens ist sie *Logisches,* im Element der Natur ist sie *Naturales,* im Element des Geistes ist sie *Geistiges.* Natur und Geist sind somit in die Philosophie einbezogen, und zwar in der Weise einer immanenten, durchaus die ›Erfahrung‹ anerkennenden und sie begrifflich absorbierenden Entwicklung der Idee in unterschiedlichen Elementen.

§ 94 Mit Blick auf Hegel hat es sich eingebürgert, von Natur und Geist als den beiden *Sphären des Realen* zu reden. Diese (unhegelsche) Rede von Sphären des ›Realen‹ bzw. ›Realphilosophie‹ ist freilich missverständlich. Immerhin hatte der Begriff sich als Grund und Quelle aller Realität ergeben. Er hat an sich selbst seine Realität. Indem er sich in seinen Begriffsbestimmungen bestimmt, schafft er sich seine eigene Realität, realisiert sich als Einheit von Ansichsein und Gesetztsein. Insofern ist die Philosophie als Philosophie Philosophie der Realität – oder sie ist Dogmatismus. Spekulativer Idealismus ist immer auch Philosophie der Realität. Einfachheitshalber wird im Folgenden jene eingebürgerte Rede von Realphilosophie für eine spekulative Betrachtung der Sphäre der Natur und der Sphäre des Geistes jedoch beibehalten; es wäre entsprechend eine Philosophie des Realen von einer Philosophie der Realität zu unterscheiden.

§ 95 Die Realphilosophie als Ideenlehre begreift das Reale als Konkretion von Logischem und damit als *Konkreszenz der Idee.* Dies macht den philosophischen Charakter ihrer Bestimmungen des Realen aus. Während die Realisierung des Begriffs zur Idee innerhalb der Sphäre reinen Denkens bleibt, Denken sich also im Element oder Medium des Denkens bestimmt, sind die Realphilosophien Wissenschaften der Idee im Element des Realen: es wird die *reale Dimension der Idee* entwickelt. Das Element der Realphilosophie ist nicht der Begriff, sondern das Dasein des Begriffs. Natur und Geist sind philosophisch als unterschiedliche Weisen gedacht, das Dasein der absoluten Idee darzustellen.

Infolgedessen wird zum einen der logische Begriff im realen Element als in seinem Dasein entwickelt, zum andern das Reale (Natur, Geist) seiner begrifflichen Bestimmtheit nach bestimmt. Die Bestimmung des Realen erfolgt gemäß dem Verfahren begreifenden Denkens. Allerdings betätigt das spekulative Erkennen sich nicht mehr bloß an reinen Gedankenbestimmungen, sondern an Realem. Insofern ließe sich sagen, dass das logische Begreifen des Denkens eine formelle Wissenschaft ist, die nicht jene Realität enthält, die den Inhalt der Natur- und Geistphilosophie bildet. Unter Form ist dann selbstverständlich nicht der bloß abstrakte Formbegriff zu verstehen, demgemäß sich Form und Inhalt äußerlich entgegenstehen, sondern der spekulative, der an der intrinsischen Beziehung beider festhält und die philosophische Wissenschaft des Denkens zu einer Wissenschaft der absoluten Form macht, die in sich Totalität ist und die reine Idee der Wahrheit enthält. Die Realphilosophie tritt zu einer reelleren Form der Idee heraus als in der ihrer formellen Selbstbestimmung. In diesem Sinne sind Realphilosophien keine Wissenschaften im abstrakten Element des Denkens, sondern konkrete philosophische Wissenschaften: es werden reine Gedankenbestimmungen nicht auf Naturales und Geistiges bloß angewandt, als beträfe es ein Verhältnis zwischen sich äußerlichen Relata, sondern Natur und Geist werden als Konkretion von Logischem begriffen, als Prinzipiationsverhältnis, Selbstdarstellung der Idee.

§ 96 Der *Anfangsbegriff* der Naturphilosophie geht aus der Selbstbestimmung des Denkens als absoluter Idee hervor; er wird also in begründeter Weise im Element reinen Denkens bereitgestellt. Der Anfangsbegriff der Geistphilosophie wiederum wird in begründeter Weise von der Naturphilosophie bereitgestellt. Während das Denken des Denkens zunächst der methodischen Forderung schlechthinniger Voraussetzungslosigkeit verbunden ist und daher das Sein als das unbestimmte Unmittelbare selbst zum Anfangsbegriff hat, gehen beide Realphilosophien von einem durch die jeweilige philosophische Vorgängerdisziplin gegebenen Begriff aus, den sie sodann in methodisch geregelter Weise realisieren. Im Zuge dessen zeigt sich, wie die Idee sich in der Sphäre der Natur und des Geistes Dasein gibt: es schließen sich die logische und die daseiende Dimension des Begriffs zusammen. Indem der Begriff sich im Element des Daseins zur Idee verwirklicht, entwickelt er seine verschiedenen Gestalten: Bestimmungs- und Gestaltungsbewegung verlaufen in eins. Die Gestaltung, welche der Begriff sich in seiner Verwirklichung gibt, ist das von der Form, nur als Begriff zu sein, unterschiedene wesentlich andere Moment der Idee.

§ 97 Reales wird in der Perspektive der Idee thematisch. Wie kommt es zum *Fortgang* der Logik in die Realphilosophie, näherhin in die Natur? Immerhin ist für den spekulativen Idealismus der logische Rekurs auf Vorgegebenes, das es begrifflich in reflexiv-konstitutiver Weise zu rekonstruieren gilt, keine Option: der Fortgang lässt sich nur begreifen als Manifestation der absoluten Idee, zu der der Begriff sich im Medium des reinen Denkens gestaltet hat.

Tatsächlich handelt es sich um einen Fort- und nicht um einen Übergang in die Realphilosophie. Denn der Begriff ist sich am Ende seiner logischen Entwicklung gänzlich durchsichtig geworden; er ist sich begreifender Begriff. Folglich gibt es keine unmittelbare Bestimmung mehr, die nicht gesetzt bzw. der Begriff ist. Die absolute Idee kann sich also nur frei in das Reale entlassen, zunächst in die Natur als Gegenstand philosophischer Erkenntnis. Ist dem so, dann liefert das Denken nicht nur die Prinzipien von Objektivität überhaupt, sondern setzt zugleich das Reale als (zu bestimmenden) Gegenstand der Realphilosophie.

§ 98 Anders als eine offenbar groteske, den Geltungsanspruch und Argumentationsgang einer spekulativen Logik gänzlich ins Gegenteil verkehrende Deutung uns glauben machen will, ist der Fortgang vom Logischen in die Natur keine theologische Schöpfungslehre der Natur. Der Fortgang ist vielmehr *logisch* induziert. Es wird der Begriff der Natur konstituiert. Am Ende der Entwicklung des Denkens im Element reinen Denkens ist mit der absoluten Idee ein Ergebnis erreicht, das in eine andere Sphäre und damit in eine andere philosophische Wissenschaft als die des reinen Denkens, d.i. die Logik, führt. Die Idee entlässt sich frei aus ihrem reinen Element des Denkens.

Sie kann sich jedoch nur frei entlassen in ein Element, das das *maximal Andere ihrer selbst als reines Denken* ist. Das Element (Bestimmungshinsicht), in welches das Denken fortgeht, ist also das Element der absoluten Idee in der Form des Andersseins, das Element der Idee als äußerliche Idee. Die Idee im Element des Sich-Äußerlichseins ist – die *Natur.* Die Idee ist also Natur, die Natur in ihrer grundlegenden Bestimmtheit nichts anderes als die Idee im Element des Sich-Äußerlichseins. Insofern ist die Idee Natur als das Negative ihrer selbst. Ist die Idee Natur bzw. die Natur Idee, dann ist auch die Naturphilosophie Ideenlehre: Naturphilosophie ist Wissenschaft der Idee in ihrem Anderssein.

§99 Mit diesem Fortgang des Denkens zur Natur ist ein erster Inhalt philosophischer Erkenntnis des Realen erreicht. Das Argument für diese Erkenntnis kann freilich nicht die dogmatische Behauptung sein, es gebe nun einmal das Reale auch unabhängig von bzw. vor oder außerhalb den/der logischen Gedankenbestimmungen, vor oder außerhalb des Denkens; eine Wissenschaft des Denkens im abstrakten Element des Denkens bedürfe daher der Ergänzung.

Dagegen muss der Fortgang für eine Philosophie, die Wissenschaft sein will, vom Endbegriff der Logik her, d.i. der absoluten Idee, begreiflich sein. Nicht im Vorhandensein der Natur, sondern in der abschließenden Erkenntnis der *Logik des Denkens als absoluter Idee* liegt der Grund für den Fortgang in die Natur bzw. die Naturphilosophie. Die absolute Freiheit der Idee selbst bewirkt den Fortgang in die Realphilosophie: sie entlässt sich als Natur, und zwar durch den Entschluss, die Momente des Logischen zu einem Anderen als dem Logischen frei zu lassen und darin zugleich bei sich zu bleiben. Dieses Andere, in das die Idee sich entlässt, ist deshalb die Natur (und nicht etwa der Geist), weil die Natur die Idee in der Form des Andersseins ist, die sich äußerliche Idee. Die Natur ist gedacht als Reales, dem ebenjene Bestimmtheit fehlt, die geistige Konstellationen qualifiziert: *Aufsichbezogenheit.* Als Natur ist sie eine für sich selbst ohne Subjektivität seiende Äußerlichkeit, *sich selbst äußerliches reales Sein,* bloße reale Objektivität. Zwar ist die Natur zugleich äußerliche Idee, für sich genommen jedoch ist sie sich selbst äußerlich. Äußerlichkeit macht die Bestimmung der Idee als Natur und damit die ursprüngliche Bestimmtheit der Natur aus.

Natur ist in spekulativ-idealistischer Betrachtung nicht als ein außerlogisch Vorgegebenes in Anspruch genommen – sie ist gedacht im Kontext rein logischer Bestimmungen. Die Lehre vom reinen Denken zeigt die Erhebung der Idee bis zu der Stufe der Setzung der Natur als eines philosophisch zu bestimmenden Gegenstandes. Natur ist eine Bestimmtheit der Idee: sie ist exponiert als die *in die Unmittelbarkeit des Seins zurückgenommene konkrete Totalität oder Einheit von Begriff und Realität, welche die Idee ist.* So und nicht anders wird die Natur von einer wahrhaft wissenschaftlichen Naturphilosophie abgehandelt. Der Fortgang des Denkens von den reinen Gedankenbestimmungen in das Reale hinein ist in den Prozess der Selbsterkenntnis der Idee, d.i. generell die Form des Systems der Philosophie, eingebunden. Ohne diese Einbindung verfügte eine Realphilosophie nicht einmal in begründeter Weise über ihren Anfangsbegriff, geschweige denn über die Methode seiner Bestimmung.

§ 100 Zwar betrifft die Äußerlichkeit der Idee zunächst die Äußerlichkeit des Raums und der Zeit, diese inhaltliche Bestimmtheit der Natur ist für die Idealität der Natur als Manifestation des Absoluten für jetzt jedoch nicht relevant. Relevant ist vielmehr, wie es überhaupt zu solchen inhaltlichen Naturbestimmungen kommt, zu Bestimmungen also, die offenbar der ›Empirie‹ bzw. der ›Erfahrung‹ entnommen sind.

Indem das Denken seine Bestimmtheit im Element reinen Denkens bestimmt, mit dem Ergebnis, dass es keine Bestimmtheit gibt, die nicht Bestimmtheit der absoluten Idee ist, bildet es zugleich die

Grundlage jeglicher realen (naturalen, geistigen) Bestimmtheit. Bestimmtheit wird letztlich in das Denken als schlechthinniges Prinzip zurückgenommen. In seiner reinen Gestalt ist das Denken die Intellektualansicht des Universums.

Die realphilosophische Fundierungsfunktion reiner Gedankenbestimmungen betrifft allerdings nicht nur die *Inhalte* der Realphilosophie, sondern auch die *Methode* begreifenden Denkens. Diese ist maßgeblich für das begreifende Denken der Natur und des Geistes. Realphilosophisches Denken hat das Denken in seiner formellen Bestimmtheit zum inneren Bildner und Vorbildner. Entsprechend betrachtet die Realphilosophie ihre Gegenstände in der ihnen eigenen immanenten Notwendigkeit nach Maßgabe der Selbstbestimmung des Begriffs. Realphilosophie setzt zwecks ihrer eigenen Bestimmtheit immer eine Logik begreifenden Denkens voraus.

§ 101 Natur und Geist werden als die beiden Sphären des Realen in die Philosophie einbezogen. Dieser Einbezug erfolgt in der Weise einer immanenten Entwicklung der Idee, die zugleich die ›Erfahrung‹ anerkennt. Inhaltlich bleibt der spekulative Idealismus des Absoluten ohne Abstriche dem »fruchtbaren Bathos der Erfahrung« (Kant) verpflichtet. Es wird weder die Empirie noch die Geschichte der Philosophie beiseitegelassen. Die geschichtlich vorliegende empirische und philosophische Erkenntnis ist das Material, das in den realphilosophisch-spekulativen Begriff zu übersetzen, d.h. spekulativ weiterzubilden und umzuformen ist. Die freie Entlassung der Idee in ein anderes Element, das das Reale ist, bedingt also den Einbezug des Wissens von Realem.

Die philosophische Erkenntnis hat ohnehin die Erfahrung zu ihrem methodisch-genetischen Ausgangspunkt. Immerhin erhebt das Denken sich über sich selbst als natürliches, sinnliches und räsonierendes Bewusstsein und macht dessen Geltungsanspruch zum Problem. Damit erhebt das Denken sich zunächst in das reine Element seiner selbst. Ebenso erfordern die Erfahrungswissenschaften eine philosophische Grundlegung ihrer Sach- und Methodenbestimmtheit. Nicht weniger ist die Geschichte der Philosophie von einer systematischen Philosophie, die zu Recht diesen Namen trägt, einzubeziehen. Angesichts ihres Totalitäts- oder Ganzheitsanspruchs kann es nur so sein, dass die aktuellste Philosophie die Prinzipien aller anderen in transformierter Form in sich enthält. So, als Spiegel der ganzen Geschichte der Philosophie, ist die jüngste Philosophie wirklich die am meisten entwickelte (konkreteste), Resultat alles Vorangegangenen. *Vor- und außerwissenschaftliches Wissen, einzelwissenschaftliches und philosophisches Wissen bilden das auf ihre Relevanz hin auszulotende Material* für das der Notwendigkeit des Begriffs durchgängig verpflichtete begreifende Erkennen der Philosophie.

§ 102 Auch die Natur ist Idee: Idee in der Form ihres Andersseins. Inhaltlich gesehen ist sie Idee in einem ihr maximal inhomogenen Element: dem Element der Natur. Das Sich-Äußerlichsein der Idee als Natur ist eine Qualifikation, die zugleich den Selbstbestimmungsgang der Idee weitertreibt. Mit dem Sich-Äußerlichsein der Idee kann es nämlich nicht sein Bewenden haben, ist es doch in sich widersprüchlich. Als sich äußerliche Idee entspricht ihr Sein (als Natur) ihrem Begriff (als Idee) nicht. Die Überwindung der Äußerlichkeit der Idee als Natur führt durch die Natur als ein *System von Stufen* hindurch, die in einer notwendigen Ordnung auseinander hervorgehen, und zwar unter der Ägide der Idee bzw. des spekulativen Begriffs. Somit bestimmt die Idee sich im Element des Realen fort. Indem die Idee sich im Element des Realen, zunächst in dem der Natur, bestimmt, gelangt sie *von der Äußerlichkeit zur Innerlichkeit des Begriffs* – und damit zu sich selbst im Element des Realen.

Diesem Gedanken des Selbstentwicklungsgangs der Idee gemäß denkt die Naturphilosophie die Natur so, dass sie nicht nur als etwas ist, deren Bestimmungen in einem gleichgültigen äußerlichen Bestehen und der Vereinzelung gegeneinander Bestand haben, sondern zugleich so, dass sich deren ideelle Bestimmtheit erfassen lässt. Die Innerlichkeit der Äußerlichkeit der Natur ist die Idee; die Notwendigkeit und Zufälligkeit, die sie in ihrem Dasein zeigt, Manifestation der Freiheit, die ihre Innerlichkeit ausmacht. Entsprechend wird die Natur philosophisch in reflexiv-konstitutiver Weise als ein System von Stufen betrachtet, die sich nach abnehmender Äußerlichkeit bzw. zunehmender Innerlichkeit ordnen. Die Natur weist somit einen wachsenden Grad an Organisiertheit auf, die die anfängliche Äußerlichkeit jeweils aufhebt und systemisch absorbiert. Die Stufen reichen von bloß anorganischen Naturverhältnissen zum Organischen. Sie zeigen, wie die Idee sich in der Natur Dasein gibt. Diese Realisierung der Idee in der Natur endet mit dem tierischen Organismus und damit beim realen Dasein der Idee des Lebens. Hier liegt die komplexeste, vermittelste, also innerlichste Form von Außersichsein der Idee vor.

§ 103 Indem die Idee sich mittels eines Stufengangs der Natur realisiert, geht sie aus ihrer Unmittelbarkeit und Äußerlichkeit in sich, um schließlich als Lebendiges zu sein – und sich als solches ebenfalls zu überwinden. Denn mit dem Lebendigen wird ein *Selbstverhältnis* erreicht, ein Verhältnis von Natur, die sich zu sich selbst, als Natur, verhält. Damit aber ist die Äußerlichkeit, die die Natur als solche qualifiziert, überwunden. Die Idee, die sich als Natur äußerlich war, verhält sich nunmehr zu sich selbst. Ebendies ist eine Konstellation des Geistes. Am Ende ihrer Bestimmung als Natur bringt die Idee sich also begrifflich zum Dasein des *Geistes* hervor. Die Natur ist an sich seiender Geist. Methodisch gesehen ist der Geist die Wahrheit und der Endzweck der Natur und zugleich die wahre Wirklichkeit der Idee. In philosophischer Perspektive erweist die Natur sich als *Prozess der Geistwerdung der Idee,* d.i. der Aufhebung ihres Sich-Äußerlichseins. Entsprechend wird die Idee sich thematisch im Element des Geistes: die Philosophie des Geistes klärt die Bestimmtheit des aus der Aufhebung der Idee als Natur resultierenden Selbstverhältnisses. Dieser Fortgang in die Geistphilosophie ist das Ende der Naturphilosophie.

§ 104 Die Natur ist jene Bestimmtheit des Absoluten, die die *Idee des Lebens* im Element des Sich-Äußerlichseins der Idee realisiert. Im abstrakten Element des Denkens war die Idee des Lebens das Moment der Unmittelbarkeit der Idee als Subjekt-Objekt-Einheit, die unmittelbare Einheit von Begriff und Realität. Als solche bildete sie die logische Grundlage der Idee als Erkennen. Am Ende der Naturphilosophie ist begrifflich die unmittelbare Form einer realen Erkenntniskonstellation erreicht, einer Konstellation von Selbstbezüglichkeit, die wissende Selbstbezüglichkeit ist. Die anfängliche Bestimmtheit der logischen Idee als Leben anvisiert also nichts weniger als das Potenzial der Natur für die Selbsterkenntnis der Idee.

Die Realisierung des Naturbegriffs durch die Stufen der Natur führt zur Überwindung der natürlichen Daseinsweise der Idee. Als unmittelbare Idee ist das Leben keine adäquate Einheit von Begriff und Realität. In spekulativer Betrachtung ist die Natur zwar Idee, als Natur fehlt ihr jedoch das *Sichwissen als Einheit von Begriff und Realität:* der Natur fehlt das Verhältnis zu sich selbst, ihr Selbstverhältnis. In der *Idee des Erkennens* indes verhält die Idee sich zu sich als Idee; die Idee des Erkennens ist der sich selbst zum Gegenstand habende Begriff. In der Sphäre des Realen ist die so verfasste Idee der *Geist.* Der Geist realisiert die Idee des Wahren, die des Guten und schließlich die absolute Idee. Es kommt also zur Selbsterkenntnis der Vernunft als Selbsterkenntnis der Idee als Geist.

§ 105 Das Absolute in seiner vollendeten Gestalt ist der Geist, der Geist, wenn man es denn überhaupt in Form einer Definition ausdrücken wollte, die höchste Definition des Absoluten: die Selbsterkenntnis des Denkens als des Absoluten bestimmt sich aufs Ganze gesehen zur *Selbsterkenntnis der absoluten Idee als des absoluten Geistes.* Erst hier weiß die Idee sich nicht nur im abstrakten Element des Denkens, sondern ebenfalls im Realen.

Somit ist auch die Philosophie des Geistes Ideenlehre: Lehre der Idee, die aus ihrem Anderssein als Natur in sich zurückkehrt und damit für sich wird. Als Geistphilosophie hat sie die Aufgabe, das Absolute als Geist zu begreifen. Der methodischen Handhabe ihrer Thematik gemäß ist dieses Begreifen Funktion der Realisierung der absoluten Idee als des einzigen Gegenstandes der Philosophie: am Ende des Realisierungsprozesses weiß die absolute Idee sich in der ihr adäquaten Weise – in der Form des Begriffs. Da die Realisierung der absoluten Idee im Element des Geistes vollendet ist, sobald der Geist völlig befreit von Formen ist, die seinem Begriff nicht adäquat sind, und der Geist diese Freiheit nur erlangt als etwas, das er durch seine eigene Tätigkeit hervorbringt, thematisiert die Philosophie des Geistes den Geist als *Hervorbringer seiner eigenen Freiheit.* Sie thematisiert den Geist damit als *freien Geist.* Formell genommen ist das Wesen des Geistes die Freiheit, der Geist im Reich des Geistes ist freier Geist.

Der Prozess des Hervorbringens dieser seiner Freiheit strukturiert das Begreifen des Geistes und damit die Geistphilosophie. Da die Selbsterkenntnis des Denkens als des Absoluten einen selbsterkenntnisfunktionalen Charakter trägt, hat das Hervorbringen der Freiheit des Geistes ebenfalls einen selbsterkenntnisfunktionalen Charakter: die Entwicklungsstufen des Geistes bilden *Stufen der Selbsterkenntnis des Geistes* und damit der absoluten Idee als des Geistes. Deshalb gilt es für die Philosophie des Geistes auf einer ersten Stufe zu klären, wie der Geist sich überhaupt zum Erkennen bestimmt, also erkennender Geist ist – *subjektiver Geist.*

§ 106 Während der Geist zunächst als Natur ansichseiender Geist war, wurde er am Ende der Entwicklung des Naturbegriffs selbstbezüglich, sodass er nun als Geist seinen eigenen Begriff, sich selbst als Geist zu erkennen hat: γνῷθι σεαυτόν. Wie aber ist der Geist *erkennender* Geist?

Ist zu bestimmen, was den Geist als erkennenden ausmacht, dann bezieht die Entwicklung des freien Geistes als eines subjektiven Geistes sich in einem engeren Sinne auf ihn selbst. Erst am Ende der Entwicklung des Begriffs des subjektiven Geistes wird der eigentliche Begriff des Subjekts als des sich selbst bestimmenden und damit freien Geistes erreicht. Zwar handelt es sich also nicht um den Begriff eines bloß logischen Subjekts, sondern um den eines, wie man auch sagt, konkreten Subjekts, einer freien Intelligenz, gleichwohl betrifft das Werden des Subjekts noch nicht den Geist als ›Individuum‹ bzw. als Mehrzahl von ›Individuen‹: in der Entwicklung des subjektiven Geistes wird das Subjekt selbst konstituiert, die *Subjektität des Subjekts* bestimmt. Das Subjekt ist freier, sich selbst bestimmender Geist. Nicht nur entpuppt das Wesen des Geistes sich als Freiheit, sondern indem der Geist sich als Geist erkennt – wird ihm sein Sein, bei sich selbst, also frei, zu sein. Als Subjekt, d. i. als sich in sich bestimmender Geist, ist der freie Geist nicht bloß Seele, Ich, Bewusstsein oder Selbstbewusstsein, sondern eben *Geist:* im Realen durch die Natur hindurch zu ihrem Fürsichsein gelangte absolute Idee und damit vernünftiger (spekulativer) Begriff, Vernunft.

§ 107 Infolgedessen erschöpft der freie Geist sich nicht durch den altehrwürdigen Gegensatz von *theoretischem und praktischem Geist,* von denkendem und wollendem Geist (so wenig wie die Idee sich durch den Gegensatz von theoretischer und praktischer Idee erschöpft). Stattdessen bleibt die begriffliche Beziehung gewahrt, die zwischen Denken (theoretischem Geist) und Willen (praktischem Geist) besteht. Eine Zersplitterung der Einheit des subjektiven Geistes in verschiedene, gegeneinander selbstständig vorgestellte Vermögen speiste ihren Sinn eben aus jener dann bloß vorausgesetzten Einheit. Dagegen denkt eine spekulative Geistphilosophie das Erkennen des Geistes von vornherein als Manifestation der absoluten Idee.

Zwar gehört zur Bestimmtheit des Geistes als eines subjektiven auch ein theoretisches und ein praktisches Moment, er ist jedoch als eine in sich differenzierte Einheit entwickelt. Der theoretische und der praktische Geist gehören also in jedweder Erkenntnis *zusammen.* Der erkennende Geist bestimmt nicht nur den Gegenstand der Erkenntnis, sondern er weiß sich auch als das Bestimmende des Inhalts seiner Erkenntnis. Als das Bestimmende des Inhalts jedoch ist der Geist praktischer Geist. Denken und Wollen sind keine voneinander losgelösten Größen bzw. isolierte Vermögen oder Tätigkeiten, sondern intrinsisch miteinander verbunden.

Wie schon in der logischen Ideenlehre sind auch die geistigen Erkenntnisprozesse des Theoretischen und Praktischen auf die Befreiung ihrer zunächst bestehenden einseitigen Subjektivität angelegt: Während die theoretischen damit beginnen, einen Inhalt als seiend in sich zu finden, und sich in reflexiv-konstitutiver Betrachtung herausstellt, dass die Intelligenz diesen Inhalt letztlich als den seinigen setzt (somit im Inhalt bei sich, d. h. frei ist), sich daher als Einzelheit in sich bestimmt, beginnen die praktischen mit diesem Sichselbstbestimmen. Hier stellt sich dann in reflexiv-konstitutiver Betrachtung heraus, dass die Intelligenz beim Setzen und Verwirklichen von Zwecken sich von ihrer Fremdbestimmtheit so weit löst, bis sie schließlich die Form der Allgemeinheit erlangt. Damit aber erhebt der Wille sich zum denkenden Willen, ist Denken doch das Vermögen des Allgemeinen. Wie das Denken sich qua freier Begriff auch dem Inhalt nach als frei herausstellt, so überwindet der

Wille seine bloße Subjektivität ebenfalls in der Selbstbestimmung, die Freiheit ist.

§ 108 *Freiheit* (Selbstbestimmung) *macht die Einheit von theoretischem Geist und praktischem Geist aus.* Im subjektiven Geist als freiem Geist sind alle Tätigkeiten des theoretischen und praktischen Geistes auf das Ziel der Freiheit ausgerichtet und daraufhin relativiert. Nur eine solche Selbstbestimmungsinstanz kommt zu wahren, objektiv gültigen Gehalten. Im freien Geist als der Einheit des theoretischen und praktischen Geistes *weiß und will der Geist sich als frei:* das theoretische und das praktische Moment des Geistes kommen zusammen. Ohne die Selbstbestimmungskompetenz des Geistes, sich von subjektiven (subjektiv gültigen) Bestimmungsgründen loszulösen und durch allgemeine oder objektive (objektiv gültige) zu bestimmen (und damit den Inhalt der Erkenntnis zu bestimmen), gibt es überhaupt keine geistige Tätigkeit, die zu Recht Anspruch darauf erheben könnte, wahre Erkenntnis zu sein.

§ 109 Damit schreitet der subjektive Geist in das objektive Dasein des freien Geistes fort. In der Philosophie des objektiven Geistes kommt es darauf an, den freien Geist in seinem objektiven Dasein zu erkennen, d.h., gemäß der Logik des Begriffs zu begreifen. Der freie Geist als Endergebnis des subjektiven Geistes ist nämlich wirklich freier Wille: nicht nur sich als frei wissend, sondern eben zugleich auch als frei wollend. Als wirklich und damit wirkender freier Wille hat er Freiheit nicht bloß zu seinem Wesen (anders als die Natur), sondern dieses Wesen eben zugleich zu seiner Bestimmung und seinem Zweck – *objektiver Geist.*

Der objektive Geist ist derjenige *freie Wille, der sich das Dasein seiner Freiheit zum Zweck* gemacht hat. Die Philosophie des objektiven Geistes bestimmt die Realisierung von Freiheit im Objektiven. Diese Bestimmung läuft darauf hinaus, das Implizite der Zweckrealisierung des freien Geistes explizit zu machen. Entsprechend gibt es konstitutionstheoretisch gesehen erst in der Sphäre des objektiven Geistes eine Pluralität von Subjekten. Sie alle haben sich das Dasein ihrer Freiheit zum Zweck gemacht. Der objektive Geist ist die *Sphäre des Daseins aller Bestimmungen der Freiheit.*

§ 110 Gemäß der Logik spekulativer Begriffsbildung handelt es sich am Anfang der Philosophie des objektiven Geistes um einen Begriff von Geist, der dem erreichten Endbegriff des subjektiven Geistes als dem des freien Willens maximal äußerlich ist. Es prävaliert folglich der Aspekt des Willens im freien Geist. Der Wille wird zum Grundbegriff des erkenntnisfunktionalen Selbstbestimmungsgangs des objektiven Geistes (während erst auf einer späteren Stufe seiner Selbsterkenntnis – auf der des absoluten Geistes – das Denken im Vordergrund steht). Immerhin ist der Wille bestimmt nicht als etwas vom Denken Getrenntes, sondern vielmehr als eine Art von Denken. Der Wille ist *sich Dasein gebendes Denken,* Trieb, sich Dasein zu geben, denkender Wille also. Innerhalb des freien, sich als frei wissenden und wollenden Geistes macht ebendieses Moment des Willens als Trieb das maximal äußerliche Moment des Denkens und damit der Freiheitsrealisierung des Geistes aus.

Das Denken in seiner Selbstbestimmung zeichnet den ganzen bisherigen Entwicklungsgang der Bestimmung des Absoluten als Selbsterkenntnis der absoluten Idee aus. Im Zuge dessen ist am Ende der begrifflichen Entwicklung des subjektiven Geistes ein freier Wille konstituiert, d. h., der Wille ist ein wirklich freier Wille: freier Wille, der für sich als freier Wille ist. Der Wille ist somit nicht bloße Bestimmungskompetenz oder Intentionalität des Subjekts. Er ist vielmehr in sich bestimmt und sich in dieser seiner Bestimmtheit wissend und wollend sowie in dieser Einheit von theoretischem und praktischem Geist zugleich Moment im Selbsterkenntnisprozess der Idee. Als dieses Moment macht der freie Wille das Dasein der Vernunft aus: als freier Wille bezweckt er, sich in einer äußerlich vorgefundenen Objektivität Dasein zu geben. Indem er sich Dasein gibt, verwirklicht er seinen Begriff (Freiheit).

§ 111 Damit objektiviert der freie Geist sich zu einer *geistigen Welt, die er sich allmählich adäquat macht:* zu einer Welt, in der Freiheit als vorhandene Notwendigkeit ist. In dieser Form seiner Tätigkeit und deren Produkt(e) ist der Geist objektiver Geist: eine geistige Welt hervorbringender, *Freiheit im Realen verwirklichender Geist.* Vollendet ist diese Realisierung der absoluten Idee im Element des Geistes, sobald der Geist zu einem Dasein gelangt, in welchem er von seinem Begriff inadäquaten Formen befreit ist. Erst dann ist der Geist der Wirklichkeit nach, als wirkender Geist frei. Die philosophische Entwicklung des Geistbegriffs stellt das Sichfreimachen des Geistes von allen seinem Begriff nicht entsprechenden Formen seines Daseins dar. Wie gesagt, formell genommen ist das Wesen des Geistes die Freiheit, der Geist im Reich des Geistes ist freier Geist; die Geistphilosophie thematisiert ihn als Hervorbringer seiner eigenen Freiheit.

§ 112 Das ist das Eine – das Andere ist: Die Verwirklichung seines Zwecks der Freiheit findet in einer *äußerlich vorgefundenen Objektivität* statt, die das Material für das Dasein des Willens bildet. Indem der freie Wille seinen Begriff (Freiheit) in dieser Objektivität realisiert, ist er *in ihr bei sich selbst.* Die Welt, die äußerlich objektive Seite, in der der Geist durch seine Zwecktätigkeit seine Freiheit realisiert, erhält dadurch die Form der Notwendigkeit: eine Notwendigkeit, deren substantieller Zusammenhang das System objektiv-geistiger Freiheitsbestimmungen ausmacht. Der erscheinende Zusammenhang dieser Notwendigkeit indes ist ihr Anerkanntsein und damit ihr Gelten im Bewusstsein jeweiliger Geister.

Der dergestalt erreichte Zusammenschluss von freiem, d.i. vernünftigem, und einzelnem Willen, d.i. dem Element der Betätigung des freien Willens, macht die Wirklichkeit der Freiheit aus. Die Vereinzelung des wirklich freien Willens überformt das äußerliche Material durch Freiheit. Freiheit kommt in die Welt, und zwar: gemäß der Bestimmtheit des spekulativen Begriffs, folglich in *drei verschiedenen Gestalten.* Diese bringen die Begriffsmomente der Allgemeinheit (abstraktes Recht), Besonderheit (Moralität) und Einzelheit (Sittlichkeit) zur Geltung. Bei ihnen allen handelt sich um Gestalten von Prinzipienkonstellationen, die die Idee sich gibt, und damit um Formen, in denen die Idee sich Dasein verschafft.

Mit dem Geist ist die Idee so zu sich zurückgekehrt, dass deren Subjekt wie Objekt der Begriff ist. Der Geist ist damit nicht als ein abstrakter Allgemeinbegriff möglicher geistiger Tätigkeiten bzw. Geister konzipiert, sondern begriffen im Sinne des spekulativen Idealismus und des dazugehörigen Realisierungsgedankens als des Am-Werk-Seins (ἐνέργεια) der Freiheit. Der Geist ist bestimmt als auf den Zweck ausgerichtet, sich hervorzubringen und mit sich als Freiheit in Übereinstimmung zu kommen. Deshalb arbeitet die

Philosophie des objektiven Geistes die Bedingungen heraus, unter denen Freiheit in die Welt kommt, d. h., die *Gestalten, in denen sich die Freiheit des freien Geistes im Objektiven verwirklicht.*

§ 113 Von der Logik des Systems her gesehen gibt der Begriff sich in seiner Verwirklichung eine Gestaltung, die ein Moment der Idee qua Einheit des Begriffs und seiner Verwirklichung ist. Der Stufengang der Entwicklung der Idee geht mit verschiedenen Gestaltungen einher, die je unterschiedliche Sphären des objektiven Geistes ausmachen. Es sind Sphären der Verwirklichung der Freiheit: als ein bloß abstraktes objektives System von Handlungsregeln betrifft es die Sphäre des *abstrakten Rechts,* als die bloß subjektive Selbstbestimmung der Handelnden die der *Moralität* und als die im Realen konkret gewordene Normativität, also als die wahrhaft objektivgeistig verwirklichte Freiheit, die der *Sittlichkeit.*

Bei diesen drei Gestalten handelt es sich jeweils um ein Dasein des freien Willens. Jenes Dasein der Freiheit, das die Sittlichkeit ist, bildet jedoch die Einheit und Wahrheit der beiden Vorgängergestalten, d. i. der Sphäre der bloß *äußerlichen Welt* (abstrakten Rechts) und des reflektierten Willens, d. i. der Sphäre bloßer *Innerlichkeit* (Moralität). Diese sind nämlich inadäquate Daseinsgestalten der Freiheit: in sich selbst betrachtet kommt durch sie kein Dasein der Freiheit zustande. Sittlichkeit indes ist diejenige Gestalt normativer Verhältnisse, in der Freiheit *sowohl objektiv als auch subjektiv* existiert. Hier ist der freie Wille substantieller Wille, Wille, der die seinem Begriff gemäße Wirklichkeit hat: Wille, der an sich (abstraktes Recht) und für sich (Moralität) freier Wille ist – Sittlichkeit.

§ 114 Indem die Abstraktheit von abstraktem objektivem Regelsystem und bloß subjektiver Selbstbestimmung überwunden ist, ist das konkrete Leben in seiner ganzen objektiv-geistigen Fülle begrifflich erreicht. In der Sittlichkeit ist die Freiheit, wie Hegel sich ausgedrückt hat, zum lebendigen Guten, die selbstbewusste Freiheit zu einer zweiten Natur, das absolute Sollen zum Sein geworden. Die wirkliche Welt des Menschen ist Sittlichkeit freilich nur in dem Sinne, dass in ihr die Momente des abstrakten Rechts und der Moralität nicht annihiliert, sondern *aufgehoben* sind, sodass sie in der Sittlichkeit ihre adäquate Berücksichtigung finden.

Dass der Selbstbestimmungsgang der Idee durch die Berücksichtigung des abstrakten Rechts und der Moralität hindurch schließlich zur Sittlichkeit gelangt, ist der Methodik spekulativen Begreifens und der damit verbundenen Konzeption des Begriffs und seiner Realisierung verdankt. Dasein der Freiheit, Verwirklichung von Normativität lässt sich nur als Sittlichkeit fassen. Wer Freiheit nur oder primär aus der Perspektive des abstrakten Rechts bzw. der Moralität denkt – denkt an der Wirklichkeit der Freiheit vorbei.

§ 115 Freilich liefern die objektiven Gestalten des freien Geistes noch keine adäquate Form des Wissens seiner selbst. Dergleichen liegt erst mit jener Sphäre oder Gestalt des Geistes vor, die Sichwissen des Geistes *als* eines Geistes ist – *absoluter Geist.* Hier hat der Begriff des Geistes seine Realität im Geist. Damit aber hat der Geist seinen Entwicklungsgang vollendet: er ist reine Darstellung der Selbsterkenntnis der Idee im Realen. Der objektive wie der subjektive Geist hingegen sind endlicher Geist. Wie kommt der Selbsterkenntnisgang der Idee vom endlichen zum unendlichen oder absoluten Geist?

Im Laufe seiner Entwicklung sieht der objektive Geist selbst sich wegen seiner raum-zeitlichen Situiertheit, in der er als Sittlichkeit wirklich ist, dazu genötigt, sich zu bedenken. Der freie Geist wird zu einem Geist, der nicht nur auf die Verwirklichung seiner Freiheit aus ist: er wird zu einem in der Sittlichkeit denkenden Geist, der sich zu einem Wissen seiner in seiner Wesentlichkeit erhebt, zu einem Wissen des Wesens seiner Sittlichkeit. Dieses Wissen um (endliche, willentliche) Zwecktätigkeit ist allerdings noch keine *wissende Selbstbeziehung,* noch kein Sich-Wissen des Geistes als eines solchen. Ohne diese wissende Selbstbeziehung könnten wir jedoch nicht sein, was wir als zwecksetzende und -verwirklichende Subjekte sind: freier Geist.

§ 116 Mit dem absoluten Geist ist eine Gestalt des Wissens erreicht, in welcher die wissende Vernunft frei für sich ist. Für den absoluten Geist sind Natur und Geschichte nur seiner eigenen Manifestation dienend, ihm also selbsterkenntnisfunktional subordiniert. Handelt es sich beim absoluten Geist um eine selbsterkenntnisfunktionale Konstellation, dann ist er so wenig ein Theologumenon wie die Philosophie des absoluten Geistes eine Christologie. Vielmehr ist der absolute Geist diejenige Form des Geistes, in der der Geist sich als Geist thematisch ist. Ebendies und nichts anderes macht die Absolutheit des absoluten Geistes aus.

Zweifelsohne setzt der Geist die Natur, aus der er herkommt, voraus. Insofern ist der Geist relativ auf etwas, das sein Anderes ist: die als selbstständig vorausgesetzte Natur. Der subjektive Geist kommt zwar unmittelbar aus der Natur, bezieht sich in seiner Entwicklung jedoch sodann nur auf sich. Der objektive Geist hingegen bezieht sich aktiv auf die Natur: durch seine Zwecktätigkeit schafft er in ihr seine Welt als Welt der Freiheit. Der absolute Geist indes hat seine Schranke nicht mehr an einer als selbstständig vorausgesetzten Natur; er ist daher kein endlicher Geist, sondern das absolut Erste der Natur. Er ist das absolut Erste der Natur, weil er das ist, was überhaupt das Denken von Natur im Realen ermöglicht (ohne Geist keine Natur). Die Natur ist somit nicht bloß eine Voraussetzung des Geistes, sondern gründet ebenfalls im Geist.

Das Wesen des Geistes aber ist die Freiheit. In einer spekulativen Geistphilosophie ergibt sich die Bestimmtheit des Geistbegriffs als Ergebnis eines Prozesses des Sichfreimachens des Geistes von allen inadäquaten Formen seines Daseins. Die vollendete Gestalt dieser Befreiung seiner selbst ist der absolute Geist. Der absolute Geist ist derjenige Geist, der sich erfasst als selber das Sein setzend, als selber sein Anderes – die Natur und den endlichen (subjektiven, objektiven) Geist – hervorbringend. Erst als absoluter Geist gelangt der Geist zum absoluten Fürsichsein: zur absoluten Einheit seines Begriffs und seiner Wirklichkeit.

§ 117 Der freie Geist offenbart sich vollständig in drei Formen seiner selbst: als subjektiver, objektiver und absoluter Geist. Der absolute Geist ist dabei Offenbarung in der Form des *Begriffs*. In diesem Offenbaren im Begriff ist die Natur einbezogen, ist das Offenbaren doch geradezu das Erschaffen der Natur als Sein des Geistes. So gibt der Geist sich die Affirmation und Wahrheit (d.i. Übereinstimmung des Gedankens mit sich in seiner Objektivität) seiner Freiheit: Der freie Geist überformt in seinem Schaffen die Natur, verleiht ihr dadurch ein geistiges Gepräge, erschafft in ihr ein Sein seiner selbst, letztlich sogar ein Sein, in dem er sich selbst im Begriff erfasst.

Letzteres geschieht erst und allein in der Philosophie; Philosophie ist nämlich diejenige Gestalt des Geistes, in der der Geist sich in seinem eigenen Element durchsichtig wird: im Begriff. Hier, und damit, wieder allgemein gesprochen, im absoluten Geist, vereinigt sich in schlechterdings nicht mehr überbietbarer Weise die absolute Idee als Geist in ihrem Anderen, das die Natur ist, mit sich. Als absoluter Geist ist der Geist von jenem Relativen freigemacht, das den endlichen Geist auszeichnet (bezüglich des subjektiven und objektiven Geistes aufeinander sowie auf die Natur).

Indem der Geist sich im absoluten Geist allererst als Geist weiß, wird der Begriff des Geistes im Begriff des absoluten Geistes realisiert. Die Realität, die nunmehr begrifflich erreicht ist, ist das Wissen des absoluten Geistes. Folglich ist *mit dem absoluten Geist die absolute Idee realisiert.* Das Wissen, das mit dem absoluten Geist vorliegt, ist Wissen der absoluten Idee: Wissen, wie es sich im Entwicklungsgang des Denkens im reinen Element des Denkens zunächst ergab und sich sodann im Element des Realen manifestiert hat.

§ 118 Der spekulativen Methodik konstitutiver Reflexivität gemäß erfolgt die Selbsterkenntnis des Geistes in *drei Gestalten wissender Selbstbeziehung:* in der *Kunst* als anschauendem Wissen, der *Religion* als vorstellendem Wissen und der *Philosophie* als begrifflichem Wissen. In Kunst, Religion und Philosophie hat der Begriff des Geistes zwar jeweils seine Realität im Geist, allerdings in einer zunehmend adäquaten Weise. Der subjektive Geist und der objektive Geist als endliche Geister hingegen sind aus systemischer und damit aus selbsterkenntnisfunktionaler Perspektive der Weg, auf dem sich das Wissen, das der absolute Geist ist, ausbildet (beispielsweise handelt es sich beim einzelwissenschaftlichen Wissen zwar um eine Leistung des Geistes, nicht jedoch um eine, in der der Geist sich als Geist bestimmt). Das Wissen des absoluten Geistes ist *Sich-Wissen der absoluten Idee als des absoluten Geistes.* Handelt es sich beim absoluten Geist um die Bestimmtheit der wissenden Selbstbeziehung der absoluten Idee, dann haben Kunst, Religion und Philosophie ihren *Inhalt* gemeinsam.

Gewiss sind Kunst, Religion und Philosophie ebenfalls Gestalten des objektiven Geistes und damit der Sittlichkeit, in geschichtlicher Pointierung: Gestalten der Weltgeschichte, wie es gelegentlich auch heißt: der Kultur. Als solche Gestalten von Zwecktätigkeit sind sie jedoch im absoluten Geist nicht thematisch. Im absoluten Geist sind sie thematisch als *Wissensgestalten,* näherhin als Gestalten wissender Selbstbeziehung und damit als Gestalten des Geistes, der sich nicht nur als frei will, sondern eben auch als frei weiß.

In seiner *unmittelbaren* Form handelt es sich um das Wissen, das die Kunst ist: in der Kunst wird die Einheit des Geistes mit sich unmittelbar und deshalb anschauend vollzogen; Kunst ist Wissen der Idee durch anschauendes Denken – Denken in der Form der Anschauung. Als in sich vermitteltes Wissen und damit in *vermittelter* Gestalt wird das Wissen der Idee vorstellend durch die Religion vollzogen, durch vorstellendes Denken – Denken in der Form der Vorstellung. In einer *sich selbst bewussten* und damit das anschauende und vorstellende Denken in sich aufhebenden Weise ist das Wissen der Idee im Denken der Philosophie als begrifflichem Denken.

§ 119 *Kunst* ist Wissen des Geistes seiner selbst, allerdings unmittelbares Wissen des absoluten Geistes, *Selbstanschauung des Absoluten im Menschen.* Als Kunst ist das Kunstwerk eine Einheit von sinnlichem Inhalt und geistiger Form. Durch diese Einheit ist die natürliche Unmittelbarkeit der Kunst Zeichen der Idee: Kunst ist das sinnliche Scheinen der Idee. Als Wissen in der Form der Unmittelbarkeit ist Kunst *Selbsterkenntnis der Idee in der Form der Anschauung:* Anschauung des Absoluten in Sinnlichem, an Sinnlichkeit gebundenes Wissen. Als solches ist sie die Idee in individuo, d.i. als Ideal.

Ebendeshalb ist die Kunst ihrem Inhalt nach dem Absoluten nicht angemessen, ist es doch auf ein natürliches, sinnlich anschauliches Seiendes angewiesen (statt auf Natürliches nur als Ideelles). Die natürliche Unmittelbarkeit der Kunst ist nur Zeichen der Idee. Während der Kunst dergestalt im vormodernen Zeitalter die Rolle zufallen konnte, die sittliche Einheit einer Gemeinschaft, sagen wir: einer Kulturgemeinschaft zum Ausdruck zu bringen, indem sie die Natur, Sinnliches, mit Gedanken über das Höchste zur Einheit verbindet und so Wissen des Geistes von sich ist, vermag sie dies in der Moderne nicht mehr zu leisten. Zweifelsohne bildet die Kunst als Kunst das Höchste, die Idee, nach und macht damit das Selbstverständnis einer jeweiligen Kulturgemeinschaft anschaulich. In der Moderne ist die sittliche Einheit einer Kultur, die als Gestalt des Geistes immer auch geschichtliche Kultur ist, allerdings nicht mehr durch die Vorstellung eines fixierten Inhalts des Höchsten, paradigmatisch einer Gottesvorstellung, abgesichert. Insofern ist in der Moderne die kulturstiftende Kraft der Kunst erloschen. An die Stelle jener inhaltlichen Vorstellung des Höchsten tritt nunmehr die Vernunft und deren Wirksamkeit im Menschen, Formelles also. Gleichwohl ist auch die moderne Kunst (Kunst der Moderne) Wissen des absoluten Geistes. *Der Geist schaut sich im Kunstwerk als sich selbst bestimmender und je geschichtlich bestimmter an.* So bringt das Kunstwerk das Humanum in seiner historischen Situiertheit anschaulich zur Darstellung.

Aber auch die Wissensform der Kunst ist ihrem Inhalt – der Idee oder dem Absoluten – nicht angemessen. Der Form nach ist die Kunst dem Absoluten unangemessen, da es kein Wissen im Modus des Begriffs und damit im Modus der Notwendigkeit (Freiheit) ist: *keine unendliche Reflexion in sich,* sondern äußerliche Gestalt, nur Zeichen der Idee. Ihrer eigenen Inadäquatheit wegen ist die Kunst jedoch zugleich der Prozess der Befreiung vom Sinnlichen im Sinnlichen. Die Kunst geht *von sich aus* in eine andere Wissensgestalt des absoluten Geistes über, in der die Unmittelbarkeit der Kunst aufgehoben ist, weil sie eine Gestalt vermittelnden Wissens von Natürlichem ist: Religion.

§ 120 Es gibt eine Redeweise von *Religion,* in der diese ganz generell verstanden wird als die Rückbindung an das Eine und Höchste einer Gemeinschaft im Sinne des normativen Ganzen, das den Grund der Sittlichkeit einer jeweiligen Kulturgemeinschaft ausmacht. Die übliche Rede von Religion meint jedoch Spezifischeres: Religion als Glauben des subjektiven Bewusstseins an überirdische Mächte, Wesen, besonders Götter oder einen Schöpfergott, sowie die damit einhergehende kultische Verehrung. Auch in dieser spezifischeren Bedeutung von Religion ist die absolute Idee als absoluter Geist thematisch. Sie ist es nicht in der Weise der Anschauung, sondern in der der Vorstellung qua aufgehobener Unmittelbarkeit der Sinnlichkeit der Kunst. Die Form also, in der die sich wissende Idee in der Religion steht, ist die *Vorstellung.*

Als Vorstellung (vgl. § 14) ist das Wissen ein Wissen von etwas, das es als Inhalt dieses Wissens vor sich hat, wobei der Inhalt, anders als in der Anschauung, die ganz in ihrem Inhalt aufgeht, nicht auf sinnlich Gegebenes restringiert ist. Vielmehr tritt in der Religion zu dem der Anschauung entlehnten Inhalt eine Bedeutung hinzu. Näherhin handelt es sich um eine symbolische, allegorische und damit bildhafte Bedeutung, die geradezu auch Übersinnliches einbezieht. So kommt es in der Religion zu einem *bildhaften Wissen der Selbstvermittlung des Absoluten.* Zum Beispiel ist die Allgemeinheit des sich besondernden und als Einzelheit zu sich zurückkehrenden Begriffs in der Trinitätslehre des Christentums gedacht als Gott-Vater, der Himmel und Erde geschaffen hat, sich besondert und vereinzelt, indem er als Gott-Sohn zum Menschen wird, den Menschen seine Wahrheit verkündet, für sie stirbt, zu sich zurückkehrt und gleichwohl als Heiliger Geist (Geist Gottes) immer bei ihnen bleibt.

In diesem vorstellenden Wissen der Religion ist die Vorstellung als Bild, das in die Form der Allgemeinheit, des Gedankens erhoben ist. Zugleich ist die Vorstellung noch mit Sinnlichem verbunden. Insofern ist sie zwischen der sinnlichen Anschauung und dem begrifflichen Denken situiert: eine Verbindung von sinnlicher Unmittelbarkeit und ihrer Allgemeinheit, d. i. Denken. Zwar ist das Sinnliche in den Begriff gebracht, der Begriff oder das Denken hat den Inhalt jedoch noch nicht durchdrungen. Deshalb drückt das religiöse Wissen eine bloß *abstrakte* Allgemeinheit aus – ganz gleich, ob es sich dabei um eine dergestalt reflexive Religion handelt, die (von Gott) geoffenbarte Religion und damit Selbstmanifestation des Absoluten ist, Religion also, in der das Absolute sich selbst thematisch geworden ist. Der Geist wüsste sich zwar in seiner Gemeinde, jedoch in der Form der Vorstellung; es handelte sich um ein Wissen seiner eigenen Bestimmtheit nicht in der Form des Begriffs und damit der Notwendigkeit (Freiheit). Vielmehr bleibt das Verhältnis der Momente durch Äußerlichkeit gekennzeichnet. In selbsterkenntnisfunktionaler Perspektive reicht das Vorstellungswissen der Religion daher nicht aus, um seinen Inhalt (Gott als das Absolute) zu erkennen als das, was und wie er ist.

Vielmehr nimmt in der Religion die denkende Erhebung zu Gott die Form des Kultus (Andacht, Opfer usw.) an. Im Kultus wissen Gott und Mensch sich ineinander. Abgesichert wird der Kultus vom *Glauben* als unmittelbarem Wissen von Gott. Der Glaube ist damit eine Form von Gewissheit, bei der nicht nur die sinnliche Anschauung des Gemeinten, sondern eben auch die den Begriff bzw. das vernünftige Denken charakterisierende Notwendigkeit des Inhalts (und damit dessen Bestimmtheit) fehlen. Insofern ist die Religion als Gestalt des absoluten Geistes in sich unvollendet, führt jedoch *von sich aus* über sich hinaus: der absolute Inhalt ist in der ihm adäquaten Form, d. i. der absoluten Form, zu denken, statt das Absolute durch vorstellendes Wissen zu depravieren.

§ 121 Die *Philosophie* erhebt den Inhalt der Religion in den Begriff: sie leistet *begriffliches* Wissen des Absoluten. Damit vollbringt sie die Gewissheitsbestimmtheit selbst des religiösen Bewusstseins. Philosophie und Religion haben zwar denselben Inhalt (das Absolute), allerdings in unterschiedlichen Formen: in der Form des Begriffs bzw. der Vorstellung. Die Versöhnung Gottes als des Absoluten mit sich selbst erfolgt im Begriff, genauer: in der absoluten Idee als des mit sich in seiner Objektivität zur Übereinstimmung gekommenen Begriffs. Im Begriff wird die das anschauliche und vorstellende Wissen gemeinsame Unmittelbarkeit des Inhalts überwunden. Die Form der Philosophie ist die *absolute Form, die sich selbst zum Inhalt bestimmt, darin bei sich bleibt und Erkennen seiner Notwendigkeit ist.* In jener meist allgemeinen Rede von Religion mag man daher auch die Philosophie als Gottesdienst qualifizieren: sie expliziert das Absolute, ist absoluter Kultus, Wissen der absoluten Idee als des absoluten Geistes.

§ 122 Logisch betrachtet handelt es sich bei der philosophischen Erkenntnis des Absoluten um die Struktur des Begriffs und seine Bewegung. Die Bewegung des Begriffs ist Selbstbestimmung, Freiheit also, die, sofern sie bloß im abstrakten Element des Denkens erfolgt, in ihrer vollständigen Entwicklung zur (absoluten) Idee führt. Vollständig erkannt ist der Begriff damit noch nicht. Erst am Ende der Realphilosophie, in Gestalt der Philosophie, ist das Logische auch erkannt als das Geistige. Auf der Grundlage dieses

Logischen bestimmt das begreifende Denken sich rein in seinem eigenen Element, während das Logische zugleich als Prinzip des realphilosophischen Verfahrens fungiert. In diesem Verfahren wird das Logische nicht bloß auf ein irgendwie gegebenes Material angewandt, sondern der Eine Gegenstand und das Einzige Thema der Philosophie, das Absolute bzw. die absolute Idee, wandelt sich fortwährend im Selbstbestimmungsprozess, bis zuletzt das Logische sich als das Geistige erweist. Die Einteilung des Systems der Philosophie in eine Wissenschaft der reinen Idee, eine Wissenschaft der Idee in ihrem Anderssein und eine Wissenschaft der Idee in ihrem Zurückgekehrtsein aus ihrem Anderssein ist folglich in der Bestimmtheit des spekulativen Begriffs fundiert.

§ 123 Obwohl philosophisches Wissen begriffliches Wissen ist, hat dieses Wissen näherhin betrachtet die Form des *Schlusses*. Denn der Schluss ist die vollständig entwickelte Form des Begriffs in seiner Subjektivität, d. i. die spekulative Struktur des Begriffs hinsichtlich der logischen Form seiner Tätigkeit begreifenden Denkens (§ 64). Als solcher macht er damit zugleich die Grundbestimmtheit jedweder Objektivität, alles Begriffenen aus.

Während die spekulative Methodik sich durch die drei Momente des Anfangs, Fortgangs und Endes kennzeichnet (§ 92), ist der Schluss die gesetzte oder selbstvermittelte Einheit des Begriffs in seinem ersten Moment (Begriff) und zweiten Moment (Urteil). Im Schluss hat der Begriff sich zur Idee realisiert: er gelangt von seinem Anfang als dem Unmittelbaren, Ansichsein, Allgemeinen, über den Fortgang als der Beziehung Unterschiedener, Vermittlung, und damit Besonderer zum Ende als der Einheit oder gesetzten Bestimmtheit des Anfangs, Selbstvermittlung, und damit dem Einzelnen. Indem der Begriff sich durch seine eigenen Differenzierungen mit sich zusammenschließt, ist er zur Subjekt-Objekt-Einheit, zum wahrhaft Vernünftigen geworden.

Erst im Schluss kommt der Zusammenhang der Momente adäquat zum Ausdruck. Er ist das Ineins von Bestimmung und Begründung. Als Ineins von Bestimmung und Begründung ist der Schluss der vollständig gesetzte, nur durch sich selbst bestimmte Begriff. Ein solcher Begriff ist Vermittlung, die Objektivität als aufgehobene Vermittlung, als Vernünftiges, zum Ergebnis hat, reine

Selbstvermittlung also, sich mit sich zusammenschließendes Subjekt. Daher ist alles Vernünftige ein Schluss. Nur als begriffliches Wissen und damit in der Form des Schlusses ist der absolute Geist eine würdige Gestalt der absoluten Idee: Selbsterkenntnis der Idee als des Geistes im Modus der Notwendigkeit.

§ 124 Im absoluten Geist wendet der Geist sich auf sich zurück, um sich als das, was er ist, zu erkennen. Innerhalb der Sphäre des absoluten Geistes ist die Philosophie die höchste Wissensgestalt, da sie das in die Form des Begriffs erhobene anschauende bzw. vorstellende Wissen von Kunst und Religion ist. Darin aber liegt, dass am Ende des Selbsterkenntnisgangs des als Idee konzipierten Absoluten, des Einen, aus dem alles andere ist, die Philosophie wieder ihren eigenen *Anfang* erreicht. Denn die sich denkende Idee gelangt erneut zum Logischen (als Anfang der Philosophie) – jetzt allerdings als Geist: *das Logische ist ihr Resultat als das Geistige*. Die Logik ist daher nicht nur die *erste* Wissenschaft des Systems der Philosophie – Wissenschaft des Absoluten vor seiner Manifestation als Natur und Geist –, sondern auch die *letzte* Wissenschaft des Systems. Die Aufgabe der Selbsterkenntnis der Idee formiert die philosophische Erkenntnis so, dass am Ende der Anfang wieder erreicht wird. Selbsterkenntnis ist Anfang und Ende des konstitutiv-reflexiven Bestimmungsgangs.

Die Pointe dieses Rückgangs am Ende des philosophischen Systems in den Anfang, der die Logik ist: am Ende wird die *Philosophie selbst als schlechthinnige Grundlegungs-, Prinzipien-, Totalitäts- oder Absolutheitswissenschaft begriffen*. Am Ende des Entwicklungsgangs ist das Logische nicht bloß Logisches – es ist sich wissendes Logisches, das sich zugleich als Einheit von Natur und Geist und damit als Prinzipiationsgrund von allem weiß. Das sich begreifende Denken ist nunmehr ein Allgemeines, das alle Bestimmtheit in sich enthält sowie Natur und Geist als Manifestationen seiner selbst begreift.

§ 125 Mit diesem Ergebnis ist die Selbsterkenntnis der Vernunft als der absoluten Idee und damit die Bestimmung des Absoluten für jetzt geschlossen. Immerhin ist die absolute Idee nichts anderes als das sich als das Absolute erkennende Denken qua Prinzip von

Objektivität. *Die Erkenntnis des Absoluten ergibt sich als Realisierung der Selbsterkenntnis des Absoluten:* Selbsterkenntnis ist Aufgabe und Prinzip der Bestimmung des Absoluten zugleich. Die Philosophie thematisiert in reflexiv-konstitutiver Weise den Prozess der Selbsterkenntnis des einzigen Gegenstandes der Philosophie: der absoluten Idee, und zwar sowohl in seiner reinen Bestimmtheit als auch in seinem Dasein. Ist aber Selbsterkenntnis das Alpha und Omega der Philosophie, dann ist Freiheit es: Philosophie ist Denken der Freiheit und kommt nur als Denken der Freiheit zu sich selbst. Als Denken der Freiheit schließt das Denken sich mit sich zusammen.

§ 126 Offenbar ist mit diesem Zusammenschluss in der Philosophie als Einheit von Idee und Geist das Absolute als ein *in sich Geschlossenes* gedacht. Dieses in sich Geschlossene ist jedoch alles andere als abgeschlossen. Vielmehr ist das Absolute reines Prinzipiieren in eins mit seinen Prinzipiata. Dies betrifft nicht nur das Denken im reinen Element seiner selbst, sondern nicht weniger das Denken im Realen. Philosophie ist als Philosophie Wissen der absoluten Idee im Element des Geistes und deshalb absoluter Geist. Auch der absolute Geist, als der reale Geist, der er ist, produziert wegen seiner Realbedingtheit immer nur perspektivistisches Wissen, sei es auch, dass in seinem Wissen die Einheit aller Perspektiven prätendiert wird, das Wissen der Philosophie Wissen der absoluten Idee ist. Als Wissen im Element des Realen ist der absolute Geist befrachtet mit all dem, was Reales auszeichnet.

§ 127 Für das philosophische Wissen des Absoluten kann das *Ende der Geschichte der Philosophie* immer nur das eigene Wissen, d.i. die eigene Philosophie, sein: nur sie und keine andere gilt ihr als die adäquate Absolutheitskonzeption. Der Zusammenschluss des absoluten Geistes mit sich selbst, der hier vorliegt, absorbiert und transformiert den Stand philosophischer Forschung bis zum jüngsten Tag. Daher ist er kein endgültiger. Vielmehr ist die Reihe der philosophischen Gestaltungen *für jetzt* geschlossen. Das Absolute, das als solches nur System sein kann, wird in der Geschichte der Philosophie *jeweils* verwirklicht: die Philosophie manifestiert sich in den verschiedenen Philosophien. Entsprechend ist die Geschichte der Philosophie Entwicklung eines in sich bleibenden Identischen, das die Philosophie als Wissen des Absoluten ist.

Insofern ist eine jeweilige Philosophie von der Philosophie, das Prinzip der Philosophie von seiner Gestalt zu unterscheiden. Die Abgeschlossenheit und Endgültigkeit eines philosophischen Systems ist die einer diskreten Totalität: begriffliche Erfassung des Absoluten im Element des Realen. Ein Fortgang ist so wenig ausgeschlossen wie aus immanenten Gründen nötig. Der Totalitäts- oder Absolutheitsanspruch einer jeweiligen Philosophie erweist sich stets als Moment der Philosophie, welche die jeweiligen Philosophien prätendieren zu sein, jedoch nicht vollständig sind und sein können.

Deshalb bleibt das Absolute vom philosophierenden Subjekt aus gesehen zwar nicht nur, jedoch auch eine unendliche Aufgabe. Als Versuche, das Absolute im Begriff zu bestimmen, bleiben die philosophischen Systeme Annäherungen. Das Absolute ist freilich unabhängig davon, ob und inwiefern die Philosophierenden es in ihren Philosophien erfassen; es ist Ziel und Voraussetzung konkreten Philosophierens und konkreter Philosophien. Entsprechend ist das Absolute als das System der Philosophie in jedem System der Philosophie wirklich (wirkend), also manifestiert. Es geht in ein konkretes System der Philosophie ein, ohne darin aufzugehen. So ist es realisierte Selbstbestimmung des Absoluten: *wirkliche Selbsterkenntnis der Idee.* Die Geschichte der Philosophie ist der geistige Entwicklungsprozess des Absoluten.

§ 128 Eine jeweilige Philosophie thematisiert dieses Absolute. Ohne den Abschluss verfehlte sie den Absolutheitscharakter ihres Gegenstandes: der Erkenntnisanspruch der Philosophie selbst bedingt, dass im philosophischen System alles mit allem notwendig zusammenhängt. Immer geht es um das Ganze. Im System der Philosophie spricht eine Philosophie jeweils die totale Implikation des Ganzen aus. Was es im System der Philosophie nicht gibt, gibt es gar nicht; und wenn es etwas gibt, das es in einem System der Philosophie nicht gibt, dann gibt es das System der Philosophie in dieser Absolutheitskonzeption noch nicht oder nicht mehr. So schreitet die Philosophie in geschlossenen Systemen fort. Da in ihnen das Absolute zur Darstellung gebracht wird, ist das System der Philosophie nicht abgeschlossen, sondern in und bei seiner Geschlossenheit zugleich offen.

Genauer besehen jedoch verliert die viel berufene Unterscheidung zwischen ›offenen‹ und ›geschlossenen‹ Systemen bezüglich des Systems der Philosophie ihren prägnanten Sinn. Sie drückt allenfalls die Dynamik des Prinzipiationsverhältnisses aus, das die absolute Idee ist. Die Geschichte ist die fortwährende Manifestation des Absoluten im Element des Geistes, die Geschichte der Philosophie das begriffliche Wissen dieser Manifestation – die Geschichte der Selbsterkenntnis des Absoluten.